Souvenirs intimes

de la

Cour des Tuileries

DU MÊME AUTEUR

Passion, roman. . . . . 1 vol.
L'Outrage, roman. . . . . 1 vol.

Souvenirs intimes

de la

Cour des Tuileries

PAR

MADAME CARETTE

NÉE BOUVET

PARIS

PAUL OLLENDORFF, ÉDITEUR

28 *bis*, RUE DE RICHELIEU, 28 *bis*

—

1889

Tous droits réservés.

Il a été tiré à part quinze exemplaires sur papier de Hollande numérotés à la presse (1 à 15).

SOUVENIRS INTIMES

DE LA

COUR DES TUILERIES

CHAPITRE PREMIER

Voyage de l'Empereur et de l'Impératrice en Bretagne. — Arrivée à Brest. — Jeunes filles offrant des fleurs à l'Impératrice. — Fêtes populaires. — Un bal. — S. M. l'Impératrice Eugénie. — Suite du voyage. — Notre-Dame d'Auray. — Arrivée à Saint-Servan. — Bal à Saint-Malo. — Attentat d'Orsini. — Souvenirs du voyage en Bretagne.

Le 8 août 1858, à bord du vaisseau la *Bretagne*, l'Empereur et l'Impératrice quittaient Cherbourg par une mer splendide et faisaient voile pour Brest, avec une escadre pour escorte. La reine d'Angleterre était venue à Cherbourg rendre visite aux souverains de France et cette entrevue pacifique avait été entourée du plus imposant appareil.

L'escadre française, sous le commandement de l'amiral Romain Desfossés, se composait des vaisseaux : la *Bretagne*, portant le pavillon de l'amiral commandant Pothuau ; l'*Arcole*, commandant Fabre de la Maurelle ; l'*Austerlitz*, commandant Rolle ; l'*Eylau*, commandant Jaurès ; le *Napoléon*, commandant Mazères ; l'*Alexandre*, commandant Hugueteau de Chaillé ; le *Donawerth* portant le pavillon du contre-amiral Lavaud, l'*Ulm*, l'*Isly*, et nombre d'autres navires plus légers.

L'état-major de tous ces bâtiments était composé de la façon la plus brillante. La plupart de ceux-là occupent aujourd'hui des grades élevés dans la marine, tandis que d'autres, comme le lieutenant de vaisseau des Varannes, qui devint officier d'ordonnance de l'Empereur en 1866, ont disparu dans de lointaines campagnes, laissant d'unanimes regrets et le souvenir de leur carrière brisée par la mort, dans le plus bel âge de la vie.

Les personnes accompagnant Leurs Majestés formaient une cour élégante. C'étaient la comtesse de la Bédoyère et la comtesse de Lourmel, veuve du général tué en Crimée, dames du palais de l'Impératrice, deux glorieux noms bretons ; le général Fleury grand écuyer de l'Empereur, le général Niel aide de camp, le marquis de Chaumont Quitry chambellan, le baron de Bourgoing écuyer, le baron Morio de l'Isle préfet du palais, le capitaine Brady et le marquis de Cadore, qui plus tard quitta la marine pour entrer dans la diplomatie, tous deux étaient officiers d'ordonnance; le comte de Marnésia chambellan de l'Impératrice, le baron de Pierres écuyer de l'Impératrice, le docteur Jobert de Lamballe très populaire dans son pays; monsieur Mocquart, secrétaire particulier de l'Empereur, monsieur Hyrvoix, chef de la police de sûreté qui suivait l'Empereur partout. Un personnel nombreux d'huissiers, de valets de pied, de gens de service de tout ordre.

La visite impériale dans les provinces de l'Ouest, annoncée depuis plusieurs mois, était un événement qui révolutionnait toute la contrée.

La ville de Brest, située à l'extrême pointe du Finistère comme un grand vaisseau toujours prêt à s'élancer vers l'Océan qui l'entoure, très éloignée de la capitale, n'avait pas reçu de visite souveraine depuis le commencement du xvi° siècle, où la reine Anne de Bretagne, allant en pèlerinage au Folgoët, voulut visiter sa bonne ville de Brest réduite alors aux proportions d'un château fort et de quelques faubourgs. Les habitants se plaisaient à faire un rapprochement poétique entre cette visite de la « bonne Duchesse », dont le souvenir presque légendaire est resté l'un des cultes de la Bretagne, et la jeune souveraine qui leur arrivait précédée d'une réputation de grâce et de beauté, faite pour rappeler les charmes traditionnels d'Anne de Bretagne.

Le lendemain du départ de Cherbourg, à une heure de l'après-midi, après avoir franchi les passes du goulet, l'escadre entrait dans la rade de Brest.

Cet immense lac maritime, avec ses 36 kilomètres de plages et de falaises enveloppées de verdure, formait un cadre merveilleusement disposé pour la scène imposante qui se préparait.

Les grands vaisseaux aux voiles gonflées, la *Bretagne* en tête, s'avançaient noblement dans un ordre admirable, salués par tous les canons de la rade et du port, tandis que la foule pressée d'une population en habits de fête, accourue de tous les points du département couronnait toutes les élévations, saluant par ses acclamations l'arrivée des souverains.

Bientôt les vaisseaux arrêtés au mouillage, répondant aux saluts de terre, faisaient tonner leur artillerie et disparaissaient comme dans une apothéose au milieu d'un nuage de feu et de fumée.

Avant que la *Bretagne* et son imposante escorte eussent jeté l'ancre, une somptueuse embarcation se détachait du port, rasant à peine les flots sous l'impulsion de trente rameurs, et se dirigeait vers le vaisseau impérial. C'était un grand canot construit pour l'empereur Napoléon Ier lors du voyage à Anvers. Il est orné avec une grande magnificence. Deux statues dorées, la Gloire et la Renommée, soutiennent à l'arrière une tente de velours écarlate semé d'abeilles d'or, surmontée de la couronne impériale et d'un aigle aux ailes déployées, tandis que des néréides et des tritons sonnant de la trompe, groupés dans un mouvement magnifique, semblent entraîner sur les flots cette embarcation d'un luxe vraiment royal, qui, avec ses pavillons et ses tapis traînant jusque sur les flots, faisait penser aux trirèmes de Cléopâtre.

C'est sur cette yole de gala, suivie par une nuée d'embarcations que l'Empereur et l'Impératrice prirent place pour descendre à terre.

Leurs Majestés étaient reçues au débarquement par monsieur Bizet, le Maire de Brest. Suivant l'usage, il présenta les clefs de la ville; puis les voitures impériales s'avancèrent et le cortège se forma pour se rendre à l'Église Saint-Louis, où l'on devait chanter un *Te Deum*.

La ville entière était décorée de mâts vénitiens aux banderoles éclatantes, d'arcs de triomphe formés par des faisceaux d'armes, des guirlandes de feuillage. Des drapeaux flottaient à toutes les fenêtres, d'où tombait une pluie de fleurs, et c'est au milieu de l'enthousiasme le plus chaleureux que Leurs Majestés se rendirent à la Préfecture maritime où, après les présentations officielles, un peu de repos les attendait.

J'étais au nombre des jeunes filles chargées d'offrir des fleurs à l'Impératrice.

Il y avait eu, comme toujours, quelques tiraillements entre les autorités civiles et les autorités militaires, et pour mettre tout d'accord on avait décidé de présenter deux fois des fleurs à Leurs Majestés : les jeunes filles de la ville au moment du débarquement ; les jeunes filles de la Marine à la préfecture maritime.

L'Impératrice traversa rapidement le salon où nous nous trouvions, s'arrêta quelques moments pour recevoir un bouquet des mains de la petite-fille de l'Amiral Leblanc, le préfet maritime de Brest, une enfant de six ou sept ans à peine, fort intimidée par tout ce cérémonial. Elle balbutia à voix basse une ou deux phrases du compliment qu'elle avait oublié. L'Impératrice se baissa pour l'embrasser et se dirigea vers les autres appartements où elle était attendue. Tout cela se passa si rapidement, que je la vis à peine ; je ne remarquai même pas sa toilette, et je ne gardai que l'impression confuse de son front blanc et de son beau sourire. Je me rappelle surtout l'étonnement que me causa cette courte apparition, car à force d'y songer, il m'avait semblé que ce moment serait très solennel.

Depuis deux mois, une agitation extraordinaire régnait à Brest dans toutes les classes de la société. Il avait fallu vingt réunions maternelles pour décider que nous serions habillées toutes de même, avec une simple robe de gaze blanche et dans les cheveux une couronne de violettes, la fleur impériale.

On avait usé d'une diplomatie extraordinaire pour grouper les jeunes filles admises à représenter la Marine. Le choix était aisé, du reste : fort jolies pour la plupart, elles avaient toutes des droits à cet honneur par les services de leur famille. Mais que de petits combats pour tout accorder!

Madame Leblanc, la femme de l'Amiral, passait son temps en conférences avec les tapissiers pour faire arranger les appartements que l'Impératrice devait occuper à la Préfecture. Comment deviner les habitudes et les goûts de la souveraine? Quelles couleurs préférerait-elle? Comment se décider entre la fraîcheur de la toile ou la sévère élégance des tentures de soie? La question du lit de l'Impératrice lui faisait perdre la tête. Elle avait su, paraît-il, que l'Impératrice se servait d'oreillers particuliers. Mais comment étaient-ils? Ronds ou carrés, en duvet ou en crin? Si l'Impératrice n'avait pas ses oreillers habituels, elle dormirait mal, elle aurait la migraine, le visage altéré et madame Leblanc ne se le pardonnerait jamais.

Les femmes de chambre de l'Impératrice, en arrivant à la préfecture, tirèrent d'un coffre un oreiller en crin assez plat; elles le posèrent sur le lit et elles mirent, ainsi, fin à l'agitation de madame Leblanc.

Le soir, après le dîner de gala, la ville entière fut illuminée avec une rare élégance.

Le cours d'Ajot, cette magnifique promenade bordée d'arbres séculaires qui domine la rade, était un immense dôme de lumière, et avec un étonnement naïf les Bretons bretonnants s'écriaient dans leur rude et poétique langage : « *Nemet er Baradoz, n'euz netra ebed kaeroc'h* » (Si ce n'est le paradis il n'est rien de plus beau).

L'Empereur et l'Impératrice, vivement touchés de l'accueil digne d'un autre âge qu'ils trouvaient parmi cette bonne population bretonne, se mêlaient familièrement à la foule, heureux des sentiments spontanés qui se traduisaient sous une forme naïve et respectueuse.

Le lendemain un bal était offert aux souverains.

Afin de pouvoir réunir le plus de monde possible, on avait utilisé la halle aux grains, et dans ce grand édifice vide on avait créé une salle de fête somptueuse. Les murs nus disparaissaient sous d'immenses panneaux de glaces et des draperies de velours écarlate ; un vélum formé de pavillons multicolores remplaçait le plafond et huit rangées de gradins chargés de femmes en toilette de bal entourant cette salle immense, formaient une décoration merveilleuse.

A neuf heures et demie une voix élevée annonça : « l'Empereur ».

En un instant toute cette foule fut debout ; l'Empereur et l'Impératrice parurent, tandis que l'orchestre jouait l'air de la Reine Hortense.

A partir de ce moment tout disparut à mes yeux ; la fête, le monde, les lumières, tout s'évanouit et je restai éblouie, comme en extase, regardant l'Impératrice qui se détachait de tout ce qui l'entourait, semblable pour moi à une apparition.

L'impression que je ressentis fut si vive alors, qu'en y songeant après bien des années écoulées cette scène se retrace à mon souvenir aussi nettement que si je venais d'y assister.

L'Impératrice portait une robe en tulle bleu pâle semé de légers fils d'argent. Son buste incomparable, ses épaules aux lignes exquises se dégageaient de l'ampleur de sa robe comme d'un nuage, et d'un mouvement plein de grâce et de noblesse elle faisait un salut circulaire, enveloppant de son long regard bleu, lumineux et doux, toute cette foule attentive.

Cette façon de saluer, que je n'ai jamais vue qu'à l'Impératrice, avait un charme irrésistible. Elle était imposante et presque modeste; désireuse de recueillir les honneurs dus à la Souveraine, elle séduisait en même temps par une grâce féminine sans égale. Elle portait ses cheveux dorés relevés aux tempes et serrés au-dessus de la tête par un diadème formé d'une large grecque en diamants. Son visage si fin avait une expression jeune et pure comme le visage d'une toute jeune fille, avec beaucoup d'éclat; et dans l'arrangement de sa parure un goût, un air de simplicité sans apprêt qui faisait paraître naturelle la magnificence des bijoux qui couvraient son corsage et son cou, et sous lesquels une femme de figure médiocre aurait été écrasée.

L'Impératrice était d'une taille au-dessus de la moyenne, plutôt grande. Ses traits étaient réguliers et la ligne extrêmement délicate du profil avait la perfection d'une médaille antique avec quelque chose d'intraduisible, un charme tout personnel un peu étrange même, qui faisait qu'on ne pouvait la comparer à aucune autre femme; le front, élevé et droit, était resserré aux tempes les sourcils, longs et déliés, avaient un peu d'obliquité; les paupières, souvent abaissées, suivaient la ligne des sourcils voilant les yeux assez rapprochés, ce qui était un trait particulier de la physionomie de l'Impératrice : deux beaux yeux d'un bleu vif et profond enveloppés d'ombre, plein d'âme, d'énergie et de douceur : ces yeux seuls auraient rendu un visage remarquable. Le nez, mince à la racine, de proportion parfaite aux narines finement découpées, était de race aristocratique; la bouche, fort petite, avait des contours pleins de grâce, et cette bouche charmante s'animait d'un irrésistible sourire; les dents étaient éclatantes, le menton délicatement arrondi, l'ovale allongé avec un peu de rondeur dans le bas des joues, le teint brillant et d'une blancheur transparente. La peau très fine laissait percevoir le réseau des veines et faisait penser au sang bleu de l'antique noblesse espagnole. L'attache du cou long et délicat était parfaite. Les épaules, la poitrine et les bras rappelaient les plus belles statues. La taille était étroite et très ronde, les mains fluettes, les pieds plus petits que les pieds d'une enfant de douze ans. De la noblesse avec beaucoup de grâce dans le maintien, une distinction native, une démarche aisée et souple; par-dessus tout une harmonie complète entre la personne physique et la personne morale; c'était là, je crois, le secret d'un charme incomparable.

Telle m'apparut Sa Majesté l'Impératrice Eugénie la première fois que j'eus l'honneur de la voir, dans le rayonnement de la grandeur, de la jeunesse, d'une exquise beauté, parée de tous les dons de la nature et du sort, réunissant dans un prestige inouï tout ce qui peut ennoblir un front féminin.

Afin de faire connaître à Leurs Majestés les costumes de la contrée, on avait ménagé une entrée de paysans bretons.

Après le quadrille officiel, cinquante couples défilèrent devant l'Empereur et l'Impératrice, portant chacun la bannière de leur canton. Ils s'avançaient devant l'estrade impériale, saluant avec des génuflexions aussi profondes que s'ils avaient été dans une église. Puis, au son des binious, ils exécutèrent les danses nationales, s'enchaînant dans cette bourrée lente et mélancolique qui dure des heures dans les pardons de la Bretagne.

Ce long défilé de bannières, ces costumes d'une étrange richesse, l'attitude grave et digne de ces jeunes hommes aux longs cheveux flottants, beaux pour la plupart; ces femmes dans de riches atours, qui avec leur simplicité ne manquaient ni de grâce ni de noblesse, cette musique agreste et primitive, tout cela, au milieu de l'éclat des lumières et d'une décoration somptueuse, produisait un effet saisissant, et l'on aurait pu se croire transporté au milieu d'une scène du moyen âge.

Après ce curieux épisode le bal reprit son animation. Un de mes parents, monsieur Périer d'Hauterive, lieutenant de vaisseau, m'entraîna pour valser dans le cercle formé devant Leurs Majestés par les Bretons qui étaient restés spectateurs à leur tour. L'Impératrice me vit et m'ayant regardée pendant un moment, elle me désigna à l'Empereur qui demanda mon nom.

L'Empereur apprit que j'étais la petite-fille de l'Amiral Bouvet, le doyen des officiers généraux de la marine.

J'avais fort bien saisi l'attention dont j'étais l'objet et, tout heureuse, en regagnant ma place, je disais à ma mère :

— L'Impératrice m'a regardée.

Avant de quitter le bal Leurs Majestés firent le tour de la salle, saluant tout le monde sur leur passage.

En arrivant auprès de la place que j'occupais, l'Impératrice s'arrêta et voulut bien m'adresser la parole. Tremblante d'émotion et de plaisir, je pouvais à peine répondre par des « oui, et non Madame » bien timides.

J'étais loin de me douter que ces quelques mots, tels que les souverains savent en trouver pour tous, venaient de fixer ma destinée.

Le jeudi 12 août, dans la matinée, l'Empereur

et l'Impératrice quittaient Brest dans des voitures de poste à la livrée impériale pour continuer ce voyage à travers la Bretagne, qui fut un long triomphe.

Ils laissaient partout sur leur passage des souvenirs de leur libéralité, de leur profond intérêt pour le pays.

L'empressement de la population était inouï. Tous les chevaux de la contrée étaient mis en réquisition pour suivre l'Empereur, et l'on voyait de bons curés bretons suivant leurs paroissiens, mêlés au flot de ces cavalcades pittoresques, galopant bravement d'un bourg à l'autre, servant d'escorte jusqu'à ce que les habitants d'un bourg voisin soient venus les remplacer.

Le dimanche suivant 15 août, jour de la fête de l'Empereur, Leurs Majestés assistèrent à la messe dans le sanctuaire de Sainte-Anne d'Auray, entre Vannes et Lorient, et le jeudi 19 on arrivait à Saint-Malo.

L'Empereur avait bien voulu faire savoir qu'il désirait voir mon grand-père l'Amiral Bouvet à son passage. Mon grand-père, fort âgé alors, vivait très retiré à Saint-Servan près de Saint-Malo, la ville sœur et rivale. Pour cette circonstance, mon père, chef de bataillon d'infanterie de marine, se rendit auprès de lui et j'obtins de l'accompagner.

Lors de l'arrivée de l'Empereur mon grand-père s'avança au devant de lui à la tête des députations des villes de Saint-Servan et Saint-Malo. En l'apercevant, Leurs Majestés voulurent bien quitter leur voiture pour l'entretenir.

— Amiral, lui dit l'Empereur, je tenais à saluer le héros toujours heureux des guerres maritimes de l'Inde. Je désire vous voir au Sénat. Et je tiens à vous annoncer moi-même qu'un siège vous y est réservé.

— Sire, répondit mon grand-père, je ne suis plus qu'un vieillard, ma carrière est achevée! Vous avez besoin de serviteurs plus capables de vous bien servir. Permettez-moi de finir mes jours dans le calme et la retraite que j'ai choisis.

L'Empereur voulut bien insister :

— Si vous voulez honorer mon nom, Sire, dit mon grand-père, reportez votre bienveillance sur mon fils.

Peu accoutumé à voir repousser de semblables faveurs, l'Empereur promit de suivre la carrière de mon père. Depuis cette époque, en effet, jamais sa bonté pour nous ne s'est démentie.

La ville de Saint-Malo offrait aussi un bal aux augustes voyageurs. Mon père avait accepté l'hospitalité offerte par des amis, afin de m'éviter, en rentrant le soir à Saint-Servan, un trop long retour.

La question des voitures pour se rendre au bal était alors, dans une ville comme Saint-Malo, très embarrassante. Un loueur disposant de trois ou quatre vieilles berlines allait à tour de rôle de maison en maison pour transporter les femmes en toilette.

Arrivés au dernier moment, l'heure dont on pouvait disposer pour venir nous chercher était si tardive, que je priai mon père de consentir à me laisser aller à pied, la saison étant fort chaude et la distance vite parcourue. Mais au moment de partir, un violent orage éclata accompagné d'une pluie diluvienne. En un instant, les rues étroites de Saint-Malo étaient transformées en torrents, et il devenait impossible de s'y risquer avec une toilette fraîche.

Mon père, touché de mon chagrin, se mit vainement à la recherche d'un moyen de locomotion. Enfin, ayant conté ma mésaventure à une vieille amie dont la voiture avait été mise à la disposition de plusieurs autres personnes, elle offrit à mon père une sorte de chaise à porteurs, montée sur deux roues qu'un homme poussait en avant comme une brouette, et qu'on nommait au siècle dernier une « vinaigrette. » Ce fut dans ce singulier équipage que je me rendis à l'hôtel de ville, où se donnait le bal.

Cette fois, je pus tout à mon aise contempler l'Impératrice. J'admirais la grâce et l'élégance de la Comtesse de La Bédoyère, dame du Palais, l'aisance de ses manières, la façon dont elle répondait à l'Impératrice lorsque celle-ci, se détournant un peu, lui adressait la parole et je me reprochais la gaucherie qui m'avait paralysée à Brest, lorsque l'Impératrice m'apercevant me reconnut et me désigna à l'Empereur, qui vint à moi et me parla. La douceur de son abord, sa simplicité, la politesse exquise et souriante de l'Empereur ne peuvent se rendre. Néanmoins, je restais interdite. L'Impératrice s'aperçut de mon embarras, elle me l'a dit depuis, et, s'approchant à son tour, me parla avec un intérêt qui m'aida à me remettre un peu. Je remarquai alors qu'elle avait un très léger accent étranger, plutôt anglais qu'espagnol, qui donnait beaucoup de charme à sa prononciation.

A ce moment le général Fleury vint dire à voix basse quelques mots à l'Empereur. L'Impératrice me salua d'un geste et regagna sa place.

On avait installé une salle de bal à l'étage supérieur et l'on venait de s'apercevoir que le plafond des salons menaçait ruine. Le double mouvement de la danse avait tellement ébranlé les charpentes, que les lustres de la salle où se trouvaient Leurs Majestés oscillaient de la façon la plus inquiétante.

L'Impératrice eut une heureuse inspiration. Elle prit le bras de l'Empereur, et doucement, saluant à droite et à gauche avec son beau sourire, elle quitta les salons comme pour se rendre à la salle du souper, suivie de la plus grande partie de la foule.

Il devint alors facile de prier le petit nombre de personnes qui restaient de sortir, et dès que les salons furent vides on ferma les portes.

Le plus grand danger, la crainte d'une panique était écarté et si le bal cessa un peu brusquement, il n'y eut pas, du moins, les accidents graves qu'on pouvait redouter.

Le lendemain dès le matin Leurs Majestés quittaient Saint-Malo; je me trouvais sur leur passage; l'Impératrice me distingua parmi la foule et, rapprochant sa main de ses lèvres, elle m'envoya un signe d'adieu, me laissant tout à fait conquise.

Depuis cette époque je lui vouai dans le fond de mon cœur de jeune fille un attachement inébranlable. Toujours préoccupée d'un souvenir qui m'était resté si cher, je me tenais de mon mieux au courant de tout ce qui se passait à la cour, intéressée par les moindres détails et suivant de bien loin la vie de celle qui pour moi avait été la révélation de la grâce et de la beauté.

Cependant dès cette époque un nuage sanglant avait voilé l'horizon impérial, laissant dans le cœur de cette épouse, de cette mère, de cette souveraine accablée d'hommages, si brillante, si enviée peut-être, une ineffaçable angoisse.

Dès les premiers jours de cette même année 1858, dans une note concise, le *Moniteur officiel* annonçait à la France indignée l'attentat d'Orsini.

« Paris, le 15 janvier 1858.

« Jeudi soir, à 8 heures et demie, au moment
« où LL. MM. l'Empereur et l'Impératrice arri-
« vaient à l'Opéra, trois détonations provenant
« de projectiles creux se sont fait entendre.

« Un nombre considérable de personnes qui
« stationnaient devant le théâtre, des soldats de
« l'escorte et de la garde de Paris ont été blessés,
« deux mortellement. Ni l'Empereur ni l'Impéra-
« trice n'ont été atteints. Le chapeau de l'Empe-
« reur a été percé par un projectile, et le général
« Roguet, aide de camp de l'Empereur, qui se
« trouvait sur le devant de la voiture, a été légè-
« rement blessé à la nuque.

« Deux valets de pieds ont été blessés. Un
« cheval de la voiture de Sa Majesté a été tué et
« la voiture brisée par les projectiles.

« L'Empereur et l'Impératrice ont été accueillis
« à leur entrée dans la salle de l'Opéra par le
« plus vif enthousiasme. La représentation n'a

« pas été interrompue. En apprenant cet événe-
« ment LL. AA. II. le Prince Jérôme Napoléon
« et le Prince Napoléon, S. A. I. la Princesse
« Mathilde, LL. AA. les Princes Murat, les Mi-
« nistres, plusieurs maréchaux, le maréchal com-
« mandant l'armée de Paris, des membres du
« corps diplomatique, les préfets de la Seine et
« de police, le procureur général près de la cour
« de Paris, le procureur impérial se sont rendus
« près de Leurs Majestés.

« L'instruction a eu lieu immédiatement et
« plusieurs arrestations ont été opérées. Leurs
« Majestés ont quitté l'Opéra à minuit. Les bou-
« levards avaient été spontanément illuminés, et
« une foule considérable a fait entendre sur le
« passage de l'Empereur et de l'Impératrice les
« acclamations les plus enthousiastes et les plus
« touchantes.

« A leur arrivée aux Tuileries Leurs Majestés
« y ont trouvé un grand nombre de personnes,
« parmi lesquelles se trouvaient l'ambassadeur
« d'Angleterre, le Président du Sénat, les membres
« du corps diplomatique et plusieurs sénateurs. »

Ce que la note officielle ne dit pas, c'est l'horreur de cette scène dans l'étroite rue Le Peletier où se trouvait alors l'Opéra, au milieu d'une obscurité profonde, car la violence de l'explosion avait subitement éteint les becs de gaz ; les cris des blessés, la panique de la foule affolée qui se précipitait sous les pieds des chevaux de l'escorte, dont quelques-uns se débattaient dans les convulsions de l'agonie.

L'attentat avait eu lieu au moment même où la voiture de l'Empereur s'arrêtait devant le péristyle de l'Opéra. Un inspecteur de la police, pensant que les souverains devaient être atteints et craignant que de nouvelles explosions ne vinssent à se produire, s'élança pour ouvrir la portière. L'Empereur, qui ne le reconnut point, voyant un homme se précipiter vers lui, et croyant que c'était un assassin qui cherchait à l'atteindre à la faveur de l'épouvante générale, lui asséna un vigoureux coup de poing qui l'envoya rouler à terre.

— J'ai été tout de suite rassuré, disait cet homme en se relevant.

L'Impératrice descendit rapidement de la voiture après l'Empereur ; elle avait la joue ensanglantée par un éclat de vitre et sa robe de satin blanc était tachée de sang.

Leurs Majestés durent leur salut à la rage régicide des conspirateurs qui avaient chargé les bombes avec une trop grande quantité de dynamite, en sorte que les projectiles, au lieu de faire mitraille, furent littéralement pulvérisés. L'Impératrice conserve encore le chapeau que l'Empereur portait ce soir-là; il paraît à peine déformé; mais à la transparence de la lumière on s'aperçoit qu'il est criblé de mille trous comme s'il avait reçu une décharge de plomb de chasse.

L'Impératrice était restée fort calme, et lorsqu'elle parut dans sa loge elle trouva son sourire habituel pour remercier la foule de l'ovation qui lui était faite ainsi qu'à l'Empereur. Et cependant une horrible inquiétude la tortura jusqu'à ce qu'un émissaire envoyé aux Tuileries vînt lui affirmer que rien n'avait été tenté contre son fils.

Sa première pensée, pensée bien maternelle, avait été que le Prince Impérial, lui aussi, pouvait être menacé. Ces moments d'une anxieuse attente avec le sourire aux lèvres était de toute cette soirée son plus poignant souvenir.

Peut-être l'impression encore vive de ce sombre drame contribua-t-elle à faire sentir mieux encore à l'Impératrice le prix des ovations sincères qu'elle trouvait parmi la population bretonne. Aussi depuis cette époque, après des manifestations sans nombre, Sa Majesté gardait-elle un souvenir attendri de son voyage en Bretagne, se rappelant toujours avec émotion l'accueil qu'elle y avait trouvé.

CHAPITRE II

Dix ans de règne. — Mariage du Prince Napoléon. — Guerre
d'Italie. — Retour de l'armée d'Italie. — La Princesse de
Metternich. — Le Prince Richard de Metternich.

Les dix années qui venaient de s'écouler avaient
porté à son apogée la grandeur de la France. Dix
années de sagesse, de modération, de dévouement
aux intérêts du pays donnaient à l'Empire une
force que les partis désespéraient de vaincre, et
de tous côtés le gouvernement impérial attirait
à lui les dissidents, les hésitants, la plupart de ceux
qui jusque-là s'étaient réservés, soit qu'ils con-
servassent l'espérance secrète d'un bouleverse-
ment qui remettrait le pouvoir dans leurs mains,
soit qu'ils aient attendu de voir la politique de
l'Empereur porter ses fruits avant de s'y rallier.

D'immenses travaux dirigés avec une entente,

un goût artistique dont peu de périodes dans notre histoire nous ont laissé le souvenir, transformaient la capitale; toutes les villes de France se couvraient d'édifices, d'hôpitaux, de palais; des chemins de fer, des ports, des docks surgissaient de tous côtés, distribuant partout les produits de notre commerce. Les grandes affaires industrielles avaient pris un essor inconnu; la France était devenue le plus grand marché financier du monde, et les capitaux français répandus dans toutes les contrées du globe témoignaient de la gloire et de la prospérité nationale.

L'Empereur avait passé sa vie à étudier les problèmes des sociétés modernes. Il était passionnément Français, il aimait le peuple comme un père aime ses enfants, il souffrait de toutes ses blessures. Étant de ceux qui pensent que les grands crimes viennent des grandes souffrances, il considérait la misère comme un monstre dévorant qu'il fallait combattre par tous les moyens possibles. Il s'appliquait à développer les œuvres philanthropiques, les idées humanitaires, s'inspirant dans tous ses desseins de cette grande pensée, que « la Providence réserve souvent à un seul d'être l'instrument du salut de tous. »

Une immense bonté, « cette vertu des âmes augustes, » était le trait dominant du caractère de l'Empereur. Cette bonté, il eût voulu la répandre sur tout ce qui souffrait, les individus comme les nations. Lorsqu'à la fin de sa vie, déchiré par les malheurs qui accablaient la patrie, devant les fléaux de la guerre et de la révolution réunis pour triompher de lui seul, l'Empereur eut l'horrible douleur de survivre à tous ces désastres, il pouvait du moins se dire que parmi tant de maux il laissait à la France les moyens de se libérer, de vivre, de se soutenir, de compter encore parmi les nations, de se relever un jour.

Dès la fin de l'année 1858 on pouvait pressentir la guerre avec l'Autriche. Le mariage d'une princesse de la maison de Savoie, la Princesse Clotilde avec le Prince Napoléon, le plus proche parent de l'Empereur, célébré en janvier 1859, préparait une alliance avec le Piémont. Au mois de mai la guerre était déclarée et l'Empereur prenait le commandement de l'armée d'Italie.

Des historiens militaires diront la part d'action, d'heureuse initiative qui revient à l'Empereur dans toute cette campagne. Un peuple délivré de l'oppression étrangère, acclamait nos soldats victorieux, se traînant aux genoux du libérateur qui traversait l'Italie sous une pluie de fleurs.

Nice et la Savoie étaient le fleuron que l'Empereur attachait à la couronne impériale en souvenir de cette conquête.

Le 14 août suivant, Paris célébrait le retour de nos troupes dans l'ivresse et l'orgueil du triomphe. Les paroles prononcées par l'Empereur au banquet qui réunit autour de lui les chefs de l'armée d'Italie sont, dans la bouche d'un souverain victorieux, un modèle de dignité, de sagesse et de modération ; elles méritent d'être rappelées.

« Messieurs, disait l'Empereur, la joie que
« j'éprouve en me retrouvant avec la plupart des
« chefs de l'armée d'Italie serait complète s'il ne
« s'y mêlait le regret de voir se séparer bientôt
« les éléments d'une force si bien organisée et
« si redoutable. Comme souverain et comme
« général en chef, je vous remercie encore de
« votre confiance. Il était flatteur pour moi, qui
« n'avais pas commandé d'armée, de trouver une

« telle obéissance de la part de ceux qui avaient
« une grande expérience de la guerre. Si le
« succès a couronné nos efforts, je suis heureux
« d'en reporter la meilleure part à ces généraux
« habiles et dévoués qui m'ont rendu le comman-
« dement facile, parce que, animés du feu sacré,
« ils ont sans cesse donné l'exemple du devoir
« et du mépris de la mort.

« Une partie de nos soldats va retourner dans
« ses foyers; vous-mêmes vous allez reprendre
« les occupations de la paix. N'oubliez pas néan-
« moins ce que nous avons fait ensemble. Que le
« souvenir des obstacles surmontés, des périls
« évités, des imperfections signalées, revienne
« souvent à votre mémoire, car pour tout homme
« de guerre, le souvenir est la science même.

« En commémoration de la campagne d'Italie,
« je ferai distribuer une médaille à tous ceux qui
« y ont pris part, et je veux que vous soyez au-
« jourd'hui les premiers à la porter. Qu'elle me
« rappelle parfois à votre pensée, et qu'en lisant
« les noms glorieux qui y sont tracés, cha-
« cun se dise : Si la France a tant fait pour un
« peuple ami, que ne ferait-elle pas pour son

« indépendance ? Je porte un toast à l'armée. »

Le maréchal de Mac-Mahon fut créé duc de Magenta en souvenir de la victoire que nous avions si heureusement remportée ; et l'Empereur accorda une amnistie pleine et entière à tous les condamnés politiques.

La fin de l'année 1859 et le commencement de 1860 furent consacrés aux négociations diplomatiques qui fixaient la nouvelle Constitution de l'Italie unifiée.

Sur la demande de l'Empereur, le Prince de Metternich arrivait à Paris comme ambassadeur d'Autriche. C'était un poste bien considérable pour un homme aussi jeune. Le Prince de Metternich avait à peine trente ans. C'était à Paris qu'il avait débuté dans la carrière en 1852, et il y avait laissé les meilleurs souvenirs.

Le Prince était accompagné de sa jeune femme, née Comtesse Pauline Chandor, cette femme si brillante, si fêtée, dont tous les échos ont redit l'élégance, la grâce et l'esprit.

La Princesse de Metternich a laissé dans la société parisienne des souvenirs que rien n'effacera, que de longtemps aucune femme ne pourra égaler.

C'est une tâche délicate de toucher à une personnalité aussi remarquée. Le nom de la Princesse de Metternich a été sous la plume de tous les chroniqueurs. Elle fut même en butte à une critique souvent passionnée ; mais, comme la salamandre qui traverse la flamme sans en être atteinte, la Princesse de Metternich avec sa rare et suprême élégance, la haute dignité de sa vie, a pu soutenir toutes les critiques, toutes les exagérations même, sans y laisser une plume de ses ailes.

Dans la société de Paris, qui a pris depuis longtemps un caractère cosmopolite et où les portes sont ouvertes à quiconque se présente avec quelque avantage du côté de la naissance, de la fortune ou du talent, on a adopté un certain rigorisme nécessaire par suite de la fusion partielle des salons, où chacun ne rencontre qu'un nombre limité de gens de connaissance. On se montre très vite choqué dès qu'une personnalité un peu en vue échappe à l'allure générale. Il n'en est pas de même à l'étranger, où l'on vit par castes très distinctes, par conséquent beaucoup moins nombreuses, et où les alliances, une fréquentation exclusive créent une intimité générale.

La Princesse de Metternich, tout nouvellement mariée, venait de faire une entrée brillante dans la société viennoise, où on la traitait un peu en enfant gâtée de la cour. Elle arrivait à Paris avec une originalité de bon aloi, une certaine crânerie de façons, une spontanéité de réparties auxquelles on n'est pas accoutumé chez nous. C'était une proie facile pour les reporters en quête de chronique. Ils ne l'épargnèrent pas. L'esprit de critique des personnes qui n'allaient pas à la cour s'exerça sur elle et, la malveillance aidant, on lui prêta des excentricités dont elle était bien innocente. On créa ainsi autour de la Princesse de Metternich une légende qu'elle eut peut-être le tort de dédaigner autrefois, mais dont le temps a fait justice.

On a esquissé bien des portraits de la Princesse. Je ne sais si la bouche était trop largement fendue, les lèvres trop fortes, si les narines relevées donnaient au nez une courbe imprévue, si l'ovale était irrégulier; mais rien n'était plus agréable à regarder que cette physionomie mo-

bile et spirituelle éclairée par deux beaux yeux
bruns souriants. Quand on peut dire d'une femme
ce qu'on disait de Madame de Metternich : « C'est
une jolie laide, » il faut qu'elle ait infiniment de
charme. Un de ses portraits peint par Winterhalter, extraordinairement ressemblant, est joli.

Depuis la pointe de ses petits pieds jusqu'à la
racine de ses cheveux châtain doré, dans tous
ses gestes, dans toutes ses façons on devinait
la grande dame. Et lors même qu'entraînée par
la vivacité de son esprit, par le plaisir, par l'animation de la jeunesse, elle surprenait avec une
de ses originalités imprévues, soit qu'elle jouât
la comédie où elle excellait, soit qu'elle impro-
visât une de ces fêtes pleines de gaieté dont elle
avait le secret, elle restait toujours grande dame
jusqu'au bout des ongles.

Lorsque la Princesse de Metternich entrait
aux Tuileries, un soir de bal, très mince, maigre
même, assez grande, avec ses épaules très découvertes, son front chargé de diamants, ses
longues jupes traînantes, il était impossible d'a-
voir meilleure grâce, ni plus grand air. Elle avait
cette allure aristocratique inimitable que donnent

la naissance et le milieu dans lequel on a vécu. C'était bien l'Ambassadrice fière de représenter un grand pays. Il y avait même dans la façon dont elle portait la tête sur son cou frêle quelque chose de l'héroïne capable de se dévouer pour une grande cause.

Un jour à Compiègne elle me parlait en termes très vifs de son admiration, de son attachement pour l'Impératrice :

— Je voudrais, me disait-elle, être sa Princesse de Lamballe.

— Plus d'une Française, répondis-je, revendiquerait cet honneur.

Triste temps où les plus sombres souvenirs de notre histoire semblent dépassés par la réalité!

On a beaucoup parlé de l'intimité de la Princesse de Metternich aux Tuileries.

En dehors des fêtes, soit à Paris, à Compiègne ou à Fontainebleau et en dehors des audiences officielles qui étaient rares, je n'ai jamais vu madame de Metternich chez l'Impératrice. L'Impératrice avait une grande sympathie pour cette femme séduisante, elle aimait l'animation de son esprit, et s'entretenait familièrement avec elle lorsque les circonstances officielles et mondaines les réunissaient ; mais l'Impératrice n'avait aucune intimité. En dehors de sa jeune cousine la Princesse Anna Murat, depuis duchesse de Mouchy, que l'Impératrice affectionnait très particulièrement, aucune femme, autre que les dames de son service, à moins d'une circonstance bien rare, n'était reçue sans audience aux Tuileries.

C'était un cérémonial que l'Impératrice pouvait regretter, enviant parfois la libre indépendance que les autres femmes ont dans leurs relations ; mais c'était une barrière nécessaire, et l'Impératrice avait senti qu'il fallait l'accepter et vivre isolée, afin d'éviter d'autres inconvénients.

On a confondu l'attrait justifié que l'on avait pour une femme aussi agréable que la Princesse de Metternich, avec des relations qui l'auraient placée auprès de l'Impératrice, sur un pied d'intimité particulière et exceptionnelle qui n'existait pas.

On a reproché à la Princesse de Metternich d'avoir apporté à la cour une recrudescence de luxe et le goût exagéré de la toilette. Quelle est donc la femme jeune, riche et haut placée qui n'ait aimé à chiffonner un peu, et n'est-ce pas une nécessité des situations élevées que de paraître avec éclat?

Si d'autres femmes moins fortunées ont eu la faiblesse de vouloir égaler l'élégance et la variété des toilettes de la Princesse de Metternich, elles manquaient d'intelligence et de goût, car rien ne les y entraînait.

La Princesse avait dans sa mise l'originalité des étrangères. Elle faisait quelquefois venir des robes de Vienne. Elle collaborait surtout avec Worth, le grand couturier, qui eut le génie de l'élégance et du goût, qui transforma la mode et fit de la toilette un art charmant.

Elle faisait chaque année remonter ses diamants, transformant ainsi son écrin qui paraissait d'une variété infinie. Ses chevaux, sa voiture, sa livrée jaune et noire aux couleurs autrichiennes étaient tenus en perfection, et mieux que personne elle ordonnait, contrôlait toute sa maison. Son hôtel de la rue de Varennes était sur un pied d'élégance raffinée.

Elle était bienfaisante, secourait tous ceux qui s'adressaient à elle avec intelligence et bonté; et malgré les entraînements du monde qui prenait beaucoup de son temps, la plus grande part de sa vie appartenait aux devoirs de la famille.

Dès son arrivée à Paris la Princesse avait su se créer une intimité intelligente, réservant un égal accueil aux gens du monde et aux personnalités éminentes de la politique et des arts.

Malgré tous les événements, elle est restée fidèle à ses amis laissant, après son départ de Paris en 1870, des souvenirs et des amitiés qui n'appartiennent qu'aux personnes d'élite.

Elle avait le don rare et charmant d'apporter partout où elle paraissait l'animation et la vie. A Compiègne, où elle passait quelques jours chaque année, elle était l'âme de la série d'invités avec lesquels elle se rencontrait, s'intéressant à tout, secouant autour d'elle son esprit et sa gaieté, entraînant jeunes et vieux dans le mouvement de ses idées tour à tour enjouées ou sérieuses; jamais banales.

Chaque année le 15 novembre, au moment de la fête de l'Impératrice, la cour se trouvait à Compiègne et l'on jouait entre soi des charades, quelque pièce de comédie inédite, ou bien l'on représentait des tableaux vivants. La Princesse de Metternich excellait dans ce genre de divertissements, que l'on préparait dans un mystère auquel l'Impératrice se prêtait avec une discrétion complaisante. Une année on choisit le *Déjeuner champêtre* de Watteau et la Princesse de Metternich se chargea de la distribution des personnages et des costumes.

La duchesse de Persigny devait y figurer; mais n'ayant point aimé le costume qu'on lui destinait, elle déclara qu'elle s'arrangerait à sa guise et paraîtrait avec ses cheveux défaits. Les cheveux blonds de madame de Persigny étaient d'une rare beauté.

— Je veux que l'on voie mes cheveux, répétait-elle avec ce léger zézaiement qui donnait à son accent quelque chose d'enfantin.

— Mais c'est impossible, disait madame de Metternich, il faut au contraire une petite coiffure relevée et poudrée !

— Non, reprenait madame de Persigny, nous faisons cela pour nous amuser et cela m'amuse de laisser tomber mes cheveux.

— Si vous ne voulez pas faire comme nous

toutes, ne paraissez pas dans le tableau, disait la Princesse.

Enfin, exaspérée, n'ayant rien pu obtenir, elle alla trouver l'Impératrice et lui conta tout, la priant d'intervenir auprès de madame de Persigny.

L'Impératrice prit la chose en riant.

— Laissez-la faire, disait-elle, c'est une nouveauté qui sera peut-être très heureuse.

— Non, non, répétait la Princesse fort piquée, elle fera tout manquer.

— Voyons, ma chère Princesse, disait l'Impératrice, qu'est-ce que cela vous fait? Elle sera toujours jolie. Ne vous querellez pas pour cela, soyez indulgente. Vous savez, cette pauvre madame de Persigny, sa mère est folle!

— Ah! sa mère est folle, reprit la Princesse hors d'elle, eh bien! mon père est fou et je ne céderai pas.

En effet, le comte Chandor, possédé de la passion des chevaux, et qui passait pour le meilleur cavalier de l'Europe, avait fait tant de chutes, avait eu tant d'accidents que sa raison en avait été ébranlée. On avait fait un album composé de plus de cinquante dessins représentant toutes les entreprises équestres du comte Chandor, et l'on s'étonnait qu'il en fût sorti vivant.

La Princesse de Metternich n'était pas seulement une femme charmante; sous des dehors très mondains, elle avait une intelligence virile. Avec beaucoup de charme et de distinction, elle exerçait une grande influence sur son mari, qui la tenait en haute estime. Dans la façon dont l'ambassade d'Autriche à Paris était menée, il y eut peut-être une part qui devrait lui revenir. La Princesse de Metternich est une des rares femmes qui pourraient prendre rang parmi les personnages politiques de notre époque.

Le Prince Richard de Metternich était le type accompli du grand seigneur étranger. De haute taille, la figure un peu lourde, mais avec de beaux traits et de longs favoris blonds, il avait les meilleures façons du monde et il était fort galant auprès des femmes. Très grand musicien, quand il se mettait au piano pour jouer des valses ou des mélodies allemandes on eût dit un orchestre. Grâce à une grande droiture de caractère, il a pu exercer avec beaucoup de loyauté et d'honneur des fonctions diplomatiques bien délicates. Ce fut lui que l'Impératrice accepta pour l'accompagner hors des Tuileries le 4 septembre.

Depuis la guerre de 1870 il a quitté la carrière. Il vit avec sa femme tantôt à Vienne, où ils ont une grande situation, tantôt dans leurs terres de Bohême, qui sont considérables. La Princesse ne vient à Paris que dans de courtes apparitions. En retrouvant son beau regard clair, son sourire d'autrefois, on oublie qu'elle est grand'mère et elle fait revivre, pour ceux qui l'ont connue, toute une génération de gens heureux et disparus.

CHAPITRE III

Voyage de l'Empereur et de l'Impératrice en Savoie. — Voyage en Algérie. — Mort de la duchesse d'Albe. — Retour à Saint-Cloud. — La duchesse d'Albe. — Profils de souveraines. — L'Empereur rencontre Mlle de Montijo. — Séjour à Compiègne. — Fiançailles. — Départ pour l'Espagne. — Le 10 décembre, l'Empereur annonce son mariage. — Mariage à Notre-Dame. — Les perles de l'Impératrice. — Villeneuve-l'Étang. — Visite à Trianon. — Une miniature de Marie-Antoinette. — Sentiments de l'Empereur pour l'Impératrice. — Chagrin de l'Impératrice après la mort de la duchesse d'Albe. — Voyage en Écosse. — Retour.

C'est au mois d'août 1860 que l'Empereur et l'Impératrice allèrent visiter les nouvelles provinces annexées à la France.

Aix, Annecy, Chambéry, Nice fêtèrent à l'envi l'arrivée des souverains.

L'Impératrice visita en excursionniste cette magnifique partie des Alpes qu'elle ne connaissait pas, Chamonix, la mer de glace. Puis, revenant par les villes du midi de la France, Leurs Majestés s'arrêtèrent à Marseille, afin de prendre possession du château que la ville avait offert à l'Empereur, celui-là même dont l'Impératrice a fait don il y a peu d'années, à la ville de Marseille, afin d'y établir un hôpital.

De là, Leurs Majestés s'embarquèrent à Toulon, à bord du yacht impérial l'*Aigle*, pour se rendre en Corse et en Algérie.

C'est au milieu de ce voyage véritablement triomphal que l'Impératrice devait être frappée par la première grande douleur de sa vie. Sa sœur aînée, la duchesse d'Albe, atteinte d'une maladie qui ne pardonne pas, languissait depuis longtemps. On avait caché la gravité de son état à l'Impératrice, qui la chérissait; mais le mal fit tout à coup de si rapides progrès, que la duchesse mourait sans avoir pu revoir sa sœur absente.

Cette douloureuse nouvelle précéda l'arrivée de l'Impératrice à Alger.

Afin de ne pas lui porter un coup trop subit, car l'Impératrice ne se doutait même pas que la vie de la duchesse fût menacée, on lui annonça d'abord la gravité de la maladie. Elle supplia l'Empereur de revenir à Paris; mais la ville était en fête. Des points les plus éloignés de la colonie, les habitants, les chefs arabes étaient accourus pour honorer le passage des souverains. Un bal était préparé. On eût été profondément déçu si cette fête avait été contremandée. Sans rien laisser paraître, l'Impératrice eut le courage d'y assister le cœur déchiré.

C'est en quittant le bal qu'elle connut la vérité. Elle se rattacha à l'espérance d'arriver assez à temps pour revoir une fois encore, même au sein de la mort, une personne si tendrement aimée. Leurs Majestés s'embarquèrent à la hâte et, sans avoir pour ainsi dire touché à la terre d'Afrique, elles reprirent le chemin de la France.

En arrivant à Saint-Cloud l'Impératrice apprit qu'il était trop tard. Les obsèques avaient eu lieu en son absence! Tout était fini. Sa douleur fut sans bornes.

La duchesse d'Albe, qui mourait à l'âge de trente-cinq ans, était une adorable femme. Tous ceux qui l'avaient connue vantaient sa grâce et sa douceur, son humeur affectueuse et gaie, la séduction de toute sa personne. Elle avait un genre de beauté différent de celui de l'Impératrice. Elle était brune, les traits un peu plus forts et de taille plus frêle. Sa physionomie était moins caractéristique que celle de l'Impératrice. Néanmoins, dans la coupe du visage, dans la physionomie, dans la tournure, on retrouvait bien des analogies.

La duchesse d'Albe était la fille ainée du comte de Montijo, de la famille espagnole des Guzman originaires de Grenade, et de la comtesse de Montijo, née Kirk-Patrick, d'origine irlandaise.

A l'âge de dix-huit ans, elle avait épousé le duc d'Albe, descendant des Stuarts par le maréchal de Berwick, pour lequel on avait fait revivre le titre de duc d'Albe en reconnaissance de ses services.

La jeune duchesse était une des plus grandes dames de l'Espagne. Elle jouissait à la cour de la Reine Isabelle de toutes les prérogatives attachées à son rang dans un pays aristocratique.

Elle habitait à Madrid un palais vraiment royal, où l'on voit encore réunies des merveilles de l'art ancien. Elle y vivait dans un luxe princier. Elle avait dirigé avec infiniment de goût et de sentiment artistique la restauration de ce palais, dont on avait, à différentes époques, altéré l'élégance. Par un raffinement de vérité historique elle avait, entre autres, fait renouveler tous les parquets, en reproduisant dans leur marqueterie les dessins variés des plafonds à caisson de chacune des salles.

La duchesse d'Albe laissait trois jeunes enfants : un fils et deux filles. Son fils, le duc d'Albe actuel, a épousé la fille du duc de Fernan-Nuñez, qui fut ambassadeur à Paris. Sa fille aînée est duchesse de Tamamès. Sa seconde fille, une délicieuse et douce jeune femme, est morte à vingt ans, quelques mois seulement après son mariage avec le duc de Medina-Cœli, qui mourut lui-même fort peu de temps après, des suites d'un accident de chasse.

Après une heureuse jeunesse, l'Impératrice n'avait connu de la vie que la plus haute fortune. Elle conservait les illusions de ceux qui n'ont pas encore souffert de maux irréparables et qui croient que la douleur est un malheur très rare. Tout à coup, elle était frappée d'une façon imprévue et cruelle.

Sa sœur était la compagne assidue et dévouée,

l'intime confidente, le cœur fidèle sur lequel toute créature humaine a besoin de s'appuyer dans les difficultés de la vie; et elles sont d'autant plus lourdes que l'on est placé plus haut. C'était le lien doux et charmant qui la rattachait à son passé de jeune fille, à ses souvenirs d'autrefois, à son pays. C'était, surtout, l'asile où elle pouvait chaque jour venir se reposer de la contrainte et des exigences du pouvoir.

Les princesses élevées dans l'étiquette des cours, restent dans leur élément lorsqu'elles montent sur un trône. Les honneurs dont elles sont entourées et qui servent de voile à une contrainte perpétuelle, sont devenus, par l'éducation, comme une nécessité de leur vie. Mais lorsqu'on a vécu comme l'Impératrice dans l'indépendance que donnent le rang et la fortune, lorsqu'on a toujours librement choisi ses relations, ses amitiés, ses plaisirs, lorsqu'on a usé du droit qui appartient aux femmes de toute condition, hors les souveraines, de jouir d'une liberté complète dans l'arrangement des choses intimes de sa vie de beaucoup les plus précieuses, il faut une grande force d'âme, beaucoup de fermeté, de dévouement à ses devoirs, pour plier tout à coup ses goûts, ses actions, toutes ses préférences à la raison d'État. Et quand on est transplantée loin des siens, loin du pays natal, loin des souvenirs de son enfance, comme un oiseau prisonnier, si dorée que soit la cage, on n'en sent pas moins la meurtrissure des barreaux. On se lasse vite des splendeurs d'une vie de représentation et de luxe. Bientôt on n'en sent plus que le fardeau; et il est peut-être plus facile de s'accommoder d'une existence humble et modeste, lorsqu'on a connu les charges de la grandeur, que ne le pensent ceux qui l'envient de loin.

A notre époque, c'est un rôle difficile que celui de souveraine. Ce n'est pas en France seulement, dans notre pays démocratique et égalitaire. A côté de chaque souverain de l'Europe apparaît quelque poétique visage de femme qui se penche en tremblant sur le berceau d'un fils, toujours prête à protéger de ses bras étendus un époux menacé. On les voit traverser les fêtes avec un sourire énigmatique aux lèvres, puis, fuyant leurs palais pour se réfugier dans quelque retraite, elles essayent d'y goûter un peu de paix intime.

Ce ne sont plus ces princesses d'autrefois, dont parle la légende, heureuses de vivre, fières de leur rang. On dirait plutôt le fantôme de la monarchie expirante, veillant en deuil près des tombeaux.

Si la mélancolie était bannie de ce monde, on la retrouverait sur les marches d'un trône.

Avant son mariage, l'Impératrice, alors comtesse de Teba, quittait l'Espagne chaque année, pendant quelques mois, et venait avec sa mère, la comtesse de Montijo, soit en France, soit en Angleterre, pour visiter des amis.

C'est dans un de ces voyages en 1852, à un bal de l'Élysée, lorsqu'il était Président de la République, que l'Empereur vit sa femme pour la première fois.

La grande beauté de la jeune comtesse de Teba, son esprit brillant et distingué firent la plus profonde impression sur le Prince Président et, dès lors, les influences féminines qui pouvaient avoir part à sa vie furent complètement effacées.

L'Empereur aima profondément, parfaitement cette femme, dont le charme et la beauté se rehaussaient de toutes les grâces de l'esprit, de tout l'attrait d'un caractère exceptionnellement élevé.

Le prince Louis-Napoléon n'ignorait pas que la représentation et le luxe ont un prestige nécessaire à l'exercice du pouvoir. Il avait organisé une sorte de cour, dont l'élément militaire était la base et qui rassemblait autour de lui la société dispersée par l'agitation révolutionnaire des dernières années.

Les domaines de la couronne reprenaient leur éclat et après l'Élysée, où le Président avait introduit à côté de l'élégance et du goût français le confortable des habitudes anglaises, le palais de Compiègne, à l'époque des chasses, s'animait d'une vie nouvelle.

La comtesse de Montijo et la comtesse de Teba y parurent. Tous les hommages que la délicatesse et le bon goût permettent d'adresser à une femme dans la situation de mademoiselle de Montijo, le Prince Président profondément épris, les mit aux pieds de la belle étrangère ; et bientôt, parmi la réunion nombreuse des hôtes de Compiègne, il ne fut plus question que du roman princier.

Dès lors la pensée d'un mariage était arrêtée entre eux.

On a dit à cette époque, et depuis on a répété, que l'adresse et l'habileté avaient eu beaucoup de part dans la décision de l'Empereur, et que la retenue calculée de la comtesse de Teba, spéculant sur l'entraînement d'un cœur très épris, avait triomphé des hésitations du futur souverain.

Ces propos partis d'assez bas furent accrédités sans doute par quelques-unes de ces personnes qui n'ont pour mobile que le plaisir ou l'intérêt, et dont les scrupules s'arrêtent à la limite de leurs caprices ou de leurs ambitions.

La vie de l'Impératrice, le respect universel que d'infâmes pamphlets, tristes fruits des époques révolutionnaires, n'ont pu entamer et qui est aujourd'hui comme le lustre de sa douleur, répondraient à ces imputations calomnieuses, si elles méritaient d'être relevées.

Comme tous les hommes de nature ardente et tendre, l'Empereur, à travers les différents événements de sa vie, avait connu bien des plaisirs faciles. Lorsqu'il rencontra la comtesse de

Teba, il hésitait devant une union purement politique; il vit en elle une compagne capable de donner le bonheur, digne de parer un trône. Il lui offrit spontanément de partager sa destinée.

Mais on était à la veille d'une transformation politique. L'Empire renaissant semblait destiné, sous le souffle puissant de l'entraînement populaire, à féconder une ère nouvelle. Les pouvoirs incertains dont le pays avait investi le Prince Président étaient incessamment minés par des ambitions, des utopies, des convoitises qu'une constitution encore incomplète ne contenaient pas suffisamment; et l'Empereur comprit qu'il avait besoin d'être plus fortement armé pour introduire dans le pays les progrès et les institutions qu'il avait rêvés.

Lorsqu'il eut été agréé comme fiancé par mademoiselle de Montijo :

— Nous sommes à la veille de grands événements, lui dit-il. Je ne veux pas vous entraîner dans les hasards que je vais courir. Retournez en Espagne. Dès que mon sort sera fixé, nous nous réunirons. La fortune me sourira, puisque c'est au-devant de vous qu'elle doit me conduire.

— Quoi qu'il arrive, lui dit mademoiselle de Montijo, je serai votre femme; si les événements vous trahissent, venez me rejoindre dans mon pays. Nous aurons une situation indépendante, et peut-être serons-nous plus heureux là-bas que sur un trône.

Le sort en décida autrement.

La comtesse de Teba quitta la France emportant un simple anneau d'or au doigt et une épingle qui figurait un gros trèfle d'émeraudes entourées de brillants. Elle l'avait gagnée dans une loterie organisée par l'Empereur à Compiègne. Jusqu'à la mort de l'Empereur elle la portait tous les soirs parmi ses autres bijoux, quelle que fût sa parure.

Quelques années après la mort de l'Empereur, l'Impératrice avait un peu éclairci la rigueur d'un deuil éternel, afin de ne pas attrister la jeunesse de son fils. Cependant, elle ne portait aucun bijou de couleur. Mais ayant considéré ce premier présent de l'Empereur comme le gage de tous les bonheurs de sa vie, elle ne pouvait se défendre d'y attacher une illusion superstitieuse. Le jour du départ du Prince Impérial pour le Zululand, l'Impératrice reprit le trèfle d'émeraudes et, jusqu'au 19 juin, elle eut soin de le porter.

Après la mort de son fils, il n'est plus resté de place dans le cœur de l'Impératrice pour l'espérance humaine. Un jour, à Chislehurst, la Duchesse de Mouchy étant auprès d'elle, l'Impératrice lui donna ce bijou.

— Je l'ai considéré longtemps comme un talisman heureux, lui dit-elle. C'est ma plus chère relique. Je ne veux pas qu'il reste abandonné ! Mettez-le chaque soir en souvenir de nous. Qu'il soit pour vous comme un gage de bonheur et de tendre amitié.

Fidèle à ce vœu que son cœur délicat était capable de comprendre, la Duchesse de Mouchy porte pieusement chaque jour le précieux bijou.

Mystérieux symbole témoin de toutes les émotions de la jeune fille, de l'épouse, de la mère, ce trèfle a présidé aux destinées de ces trois êtres qui auront passé en laissant de si grands, de si poignants souvenirs. A travers tant de fortunes diverses, son immuable éclat ne s'est point altéré.

L'Impératrice aimait profondément l'Empereur; la grandeur de cette nature pleine de mansuétude et d'énergie, ce prince héritier du plus grand nom de notre histoire, qui malgré tous les revers et toutes les infortunes était parvenu à dominer son temps et revenait en maître dans le pays qui naguère l'avait exilé, étaient bien faits pour séduire une personne d'un caractère chevaleresque, véritable fille du pays de Chimène.

L'Empire ayant été proclamé le 10 décembre 1852, à la suite d'un plébiscite qui lui donna 6 millions de suffrages, l'Empereur, fidèle à ses engagements, annonçait son mariage aux grands corps de l'État dans les termes suivants :

Moniteur du 23 janvier 1853.

« Messieurs,

« Je me rends au vœu si souvent manifesté par
« le pays, en venant vous annoncer mon mariage.

« L'union que je contracte n'est pas d'accord
« avec les traditions de l'ancienne politique ; c'est
« là son avantage. (*Sensation.*)

« La France, par ses révolutions successives,
« s'est toujours brusquement séparée du reste de
« l'Europe ; tout gouvernement sensé doit cher-

« cher à la faire rentrer dans le giron des vieilles
« monarchies ; mais ce résultat sera bien plus
« sûrement atteint par une politique droite et
« franche, par la loyauté des transactions, que
« par des alliances royales, qui créent de fausses
« sécurités et substituent souvent l'intérêt de fa-
« mille à l'intérêt national. (*Applaudissements.*)
« D'ailleurs, les exemples du passé ont laissé dans
« l'esprit du peuple des croyances superstitieuses ;
« il n'a pas oublié que depuis soixante-dix ans les
« princesses étrangères n'ont monté les degrés
« du trône que pour voir leur race dispersée et
« proscrite par la guerre ou par la révolution.
« (*Sensation profonde.*) Une seule femme a semblé
« porter bonheur et vivre plus que les autres dans
« le souvenir du peuple, et cette femme, épouse
« modeste et bonne du général Bonaparte, n'était
« pas issue d'un sang royal. (*Applaudissements.* —
« *Vive l'Empereur !*)

« Il faut cependant le reconnaître, en 1810, le
« mariage de Napoléon Ier avec Marie-Louise fut
« un grand événement : c'était un gage pour l'ave-
« nir, une véritable satisfaction pour l'orgueil
« national, puisqu'on voyait l'antique et illustre

« maison d'Autriche, qui nous avait si longtemps
« fait la guerre, briguer l'alliance du chef élu d'un
« nouvel empire. Sous le dernier règne, au con-
« traire, l'amour-propre du pays n'a-t-il pas eu à
« souffrir lorsque l'héritier de la couronne solli-
« citait infructueusement, pendant plusieurs an-
« nées, l'alliance d'une maison souveraine, et
« obtenait enfin une princesse accomplie sans
« doute, mais seulement dans des rangs secon-
« daires et dans une autre religion?

« Quand, en face de la vieille Europe, on est
« porté par la force d'un nouveau principe à la
« hauteur des anciennes dynasties, ce n'est pas
« en vieillissant son blason et en cherchant à s'in-
« troduire à tout prix dans la famille des Rois,
« qu'on se fait accepter. C'est bien plutôt en se
« souvenant toujours de son origine, en conser-
« vant son caractère propre et en prenant fran-
« chement vis-à-vis de l'Europe la position de par-
« venu, titre glorieux lorsqu'on parvient par le
« libre suffrage d'un grand Peuple. (*Applaudis-*
« *sements unanimes.*)

« Ainsi, obligé de s'écarter des précédents sui-
« vis jusqu'à ce jour, mon mariage n'était plus

« qu'une affaire privée. Il restait seulement le
« choix de la personne. Celle qui est devenue
« l'objet de ma préférence est d'une naissance
« élevée. Française par le cœur, par l'éducation,
« par le souvenir du sang que versa son père
« pour la cause de l'Empire, elle a, comme Espa-
« gnole, l'avantage de ne pas avoir en France de
« famille à laquelle il faille donner honneurs et
« dignités. Douée de toutes les qualités de l'âme,
« elle sera l'ornement du trône comme, au jour
« du danger, elle deviendrait un de ses courageux
« appuis. Catholique et pieuse, elle adressera au
« Ciel les mêmes prières que moi pour le bon-
« heur de la France ; gracieuse et bonne, elle fera
« revivre, dans la même position, j'en ai le ferme
« espoir, les vertus de l'Impératrice Joséphine.
« (*Applaudissements prolongés. — Vive l'Empe-
« reur ! Vive l'Impératrice !*)

« Je viens donc, Messieurs, dire à la France :
« J'ai préféré une femme que j'aime et que je
« respecte à une femme inconnue dont l'alliance
« eût eu des avantages mêlés de sacrifices. Sans
« témoigner de dédain pour personne, je cède à
« mon penchant, mais après avoir consulté ma

« raison et mes convictions. Enfin, en plaçant
« l'indépendance, les qualités du cœur, le bon-
« heur de famille au-dessus des préjugés dynas-
« tiques et des calculs de l'ambition, je ne serai
« pas moins fort, puisque je serai plus libre. (*Vifs*
« *applaudissements.*)

« Bientôt, en me rendant à Notre-Dame, je pré-
« senterai l'Impératrice au Peuple et à l'Armée ;
« la confiance qu'ils ont en moi assure leur sym-
« pathie à celle que j'ai choisie, et vous, Mes-
« sieurs, en apprenant à la connaître, vous serez
« convaincus que cette fois encore j'ai été inspiré
« par la Providence. » (*La salle retentit d'applau-
« dissements longtemps prolongés.*)

Le 30 janvier 1853, au milieu d'une pompe véritablement royale, le mariage était célébré à Notre-
Dame et la comtesse de Teba devenait Impératrice
des Français.

Comme on voit dans la Bible la touchante
histoire d'Esther, ainsi la grâce et la beauté
donnaient un trône à la jeune souveraine.

Une tradition espagnole veut que les perles
dont les femmes se parent le jour de leurs noces
deviennent le symbole de larmes répandues.

L'Impératrice dédaignant un ancien préjugé, portait ce jour-là un collier de perles incomparables qui couvraient son corsage de satin. La tradition, hélas! devait être fidèle.

Ce collier fut vendu par l'Impératrice après la guerre avec ses autres bijoux.

Le petit château de Villeneuve-l'Étang, qu'on voit encore dans le parc de Saint-Cloud, avait été préparé pour recevoir les souverains. C'est là, dans un cercle étroit et intime, que l'Empereur et l'Impératrice passèrent les premiers jours de leur union. Les gens heureux aiment la solitude et l'oubli.

Le lendemain de leur mariage, le 31 janvier, par un rayonnant soleil d'hiver, l'Empereur et l'Impératrice, seuls dans un phaéton que l'Empereur conduisait lui-même, traversaient les beaux bois, chargés de frimas, de la Celle-Saint-Cloud et de Ville-d'Avray, pour se rendre à Versailles.

L'Impératrice avait désiré visiter Trianon, et elle se faisait expliquer sur place toute la vie de la Reine Marie-Antoinette à l'époque où elle était encore une heureuse jeune femme.

Par une sorte d'affinité mystérieuse, l'Impératrice a toujours conservé un culte pieux pour la mémoire de la royale martyre. Par son ordre on réunit à Trianon tous les objets ayant appartenu à la Reine, et c'est grâce à ses soins qu'on a créé le musée de souvenirs qui existe encore.

Connaissant le goût de l'Impératrice pour tout ce qui se rattachait à la mémoire de Marie-Antoinette, on lui avait envoyé d'Autriche un bien singulier portrait. C'était une grande miniature en pied représentant la Dauphine avant son mariage, vers l'âge de quatorze ans. On voyait déjà, malgré l'extrême jeunesse, la grâce et la beauté de la Reine. Elle avait le bras relevé et montrait du doigt son col élégant entouré, suivant la mode de l'époque, d'un étroit ruban de couleur rouge qui figurait comme une mince trace de sang. Ce visage enfantin, cette physionomie riante et naïve, le geste en quelque sorte prophétique qui indiquait cette ligne sanglante, étaient d'une réalité saisissante et tragique.

L'Empereur ne cessa jamais d'aimer l'Impératrice d'une affection vive et profonde. Jusqu'à la fin de sa vie, elle fut avec son fils son unique tendresse. En toute circonstance il se montrait affectueux et bon, la tutoyant toujours et l'appelant de son petit nom, qu'il prononçait d'une façon particulière en supprimant l'e muet de la première syllabe d'un ton tout à fait tendre et intime; dans ses regards, dans l'attrait qu'il avait pour sa beauté, dans ses habitudes familières et caressantes, on devinait l'amoureux à côté du mari.

Néanmoins, après huit années de mariage, l'Impératrice avait déjà connu plus d'une tristesse. L'Empereur, entraîné par d'anciennes habitudes de plaisir, par la facilité de mœurs de quelques-uns de ceux qui l'entouraient, ne ménagea pas toujours sa sensibilité de souveraine et d'épouse. Dans tout l'éclat de la jeunesse et de la beauté, l'Impératrice avait connu le subtil poison du délaissement qui corrompt ce qu'il y a de plus intime et de plus délicat dans un cœur féminin.

Après des distractions dont quelques-unes ont eu un regrettable éclat, l'Empereur qui, comme beaucoup d'hommes, n'attachait pas d'importance à ces liaisons passagères, semblait toujours surpris d'avoir affligé sa femme, alors qu'elle occupait seule une si grande place dans sa vie.

L'amitié fraternelle avait soutenu l'Impératrice

4.

à travers ces épreuves. La duchesse d'Albe, d'un caractère doux et tendre, apaisait sa sœur, dont la nature ardente avait le triste don de décupler la souffrance. Elle l'avait aidée à surmonter des heures de trouble et d'amertume et à trouver le courage du pardon.

A la mort de la duchesse d'Albe, l'Impératrice sentit pour la première fois l'isolement que crée la grandeur; elle resta enfermée dans son deuil sans que rien pût la distraire, n'ayant pas le courage de reprendre ses devoirs mondains. Sa santé fut même assez sérieusement altérée, et les médecins conseillèrent à l'Empereur de la faire voyager, afin d'apporter une diversion à cet état pénible.

L'Impératrice partit pour l'Écosse, où elle fit un séjour de quelques semaines. Elle en revint apaisée, prête à reprendre sa vie, mais elle avait été irrémédiablement touchée par la mélancolie.

A dater de cette époque un changement profond s'opéra dans les goûts, dans les habitudes de l'Impératrice. Il sembla que la jeunesse s'était évanouie et sous les traits charmants de la femme mûrie par le chagrin, apparut la souveraine qu'on n'avait encore qu'entrevue.

CHAPITRE IV

Maison de l'Impératrice. — La princesse d'Essling. — La duchesse de Bassano. — La marquise de Las Marismas. — La comtesse de Montebello. — La baronne de Pierres. — La marquise de Latour-Maubourg. — La comtesse de Lezay Marnésia. — La comtesse de Malaret. — Tableau de Winterhalter. — Madame de Sancy de Parabère. — La comtesse de La Bédoyère. — La comtesse de La Poëze. — Madame de Saulcy. — La comtesse de Rayneval. — La comtesse de Lourmel. — La baronne de Viry Cohendier. — Madame Féray d'Isly. — Pinson, le cocher des Dames. — Ma nomination de dame du Palais. — Monseigneur Darboy. — Le maréchal Vaillant. — Le duc de Bassano.

Lors de son mariage l'Empereur, s'inspirant des précédents de la cour de Napoléon Ier, songea à former la maison de l'Impératrice.

La princesse d'Essling, la bru de Masséna, fille du général Debelle, fut créée grande maîtresse. Fine et jolie avec un fort grand air quoique de petite taille, la princesse d'Essling eut pendant toute la durée de l'Empire la plus haute situation. Très correcte elle ne sortait jamais qu'en grande voiture. Le jour du 4 septembre, à deux heures de l'après-midi, comme elle se rendait chez l'Impératrice, dans sa berline doublée de satin blanc, elle fut arrêtée par la foule qui s'amassait déjà autour des Tuileries et qui la força de rétrograder. Elle était d'un caractère à monter avec dignité sur l'échafaud, comme le firent les femmes de la cour de Marie-Antoinette.

On lui trouvait un peu de raideur au premier aspect. Mais elle était intelligente et bonne. Après la guerre, âgée et souffrante, elle ne se mêla plus guère au mouvement du monde. Mais les nombreux amis qui l'entouraient et qui lui étaient restés fidèles, témoignèrent assez des bons souvenirs qu'elle avait laissés.

La duchesse de Bassano femme du grand chambellan de l'Empereur, reçut le titre de dame d'honneur. Puis on choisit six dames du palais parmi les personnes avec qui l'Impératrice était particulièrement liée avant son mariage.

Un grand tableau peint par Winterhalter représente l'Impératrice entourée de toutes ses dames.

C'est un groupe de grandeur naturelle, dont les costumes sont démodés, aujourd'hui, mais qui n'est pas sans grâce et où l'on retrouve avec beaucoup d'exactitude la ressemblance de toutes ces personnes belles ou jolies. Ce tableau était placé à Fontainebleau à l'entrée du salon chinois.

Les dames du palais étaient la vicomtesse Aguado, marquise de Las Marismas, dont l'exquise beauté se doublait d'une grâce et d'un charme que les années n'ont point effacés. Elle avait une des maisons les plus élégantes de Paris. Son hôtel de la rue de l'Élysée fut pendant de longues années le rendez-vous d'un monde choisi ; on y donnait des fêtes très recherchées et la plupart des princes étrangers qui venaient à Paris alors, tenaient à fréquenter cette maison où tout était réuni pour plaire.

Depuis la guerre la vicomtesse Aguado a vécu dans la retraite. Son vif attachement pour l'Impératrice n'a pu s'accommoder de plaisirs nouveaux ; et puis des deuils successifs, des deuils dont rien ne saurait effacer la sombre mélancolie, sont venus voiler cette heureuse vie.

La vicomtesse Aguado était la mère de la duchesse de Montmorency, une délicieuse jeune femme véritablement accomplie, qui mourut à trente ans adorée de tous ceux qui vivaient près d'elle. Épuisée par de longues souffrances, aimant la vie, elle trouvait encore assez de fermeté pour soutenir le courage de ceux que sa fin douloureuse plongeait dans le désespoir.

La comtesse de Montebello, née de Villeneuve Bargemont, était petite-fille par sa mère de la duchesse de Vicence. Madame de Montebello, une des femmes les plus agréables de la cour, avait été intimement liée avec la duchesse d'Albe. L'Impératrice l'affectionnait particulièrement.

En 1860, son mari, le général de Montebello fut envoyé comme ambassadeur à Rome, où ils passèrent plusieurs années et où leur influence eut un heureux effet pendant les négociations délicates qui suivirent la guerre d'Italie. C'était une charmante ambassadrice. Elle était très aimée dans la société romaine.

Elle avait un fils, monsieur Jean de Montebello, que l'Impératrice traitait depuis son enfance avec la plus affectueuse bonté, l'invitant dans les déplacements de la cour lorsque sa mère était de service et s'intéressant beaucoup à lui. Presque enfant encore, il tournait d'assez jolis vers dans lesquels il exprimait un dévouement juvénile et enthousiaste pour l'aimable souveraine qui voulait bien s'occuper de lui.

Vers la fin de l'Empire, madame de Montebello tomba sérieusement malade. Elle languissait depuis plusieurs années et elle s'éteignit jeune encore, le 7 juin 1870 à la veille de la guerre.

C'était une fervente catholique.

Un jour étant allée la voir, je trouvai chez elle un prêtre vêtu de l'habit des dominicains. Lorsqu'il se fut retiré je lui demandai qui était ce moine à la physionomie expressive et tourmentée.

— Il a, lui dis-je en riant, des yeux brillants comme deux charbons d'enfer.

Elle se récria comme si je venais de proférer un blasphème.

— C'est un saint, me dit-elle. Il vit dans la retraite et la pénitence. Il enseigne la parole de Dieu avec une éloquence qui toucherait les anges rebelles. Je l'ai connu à Rome.

C'était le père Hyacinthe.

L'Impératrice lui donna jusqu'à la fin de sa vie

mille preuves d'intérêt et la pleura comme une amie.

La comtesse de Lezay Marnésia, la baronne de Malaret étaient au nombre des premières dames du palais de l'Impératrice.

Madame de Malaret était une personne de fort belle taille et d'une rare élégance. Elle passa peu de temps dans la maison et suivit son mari, qui appartenait à la carrière diplomatique. Je ne l'ai jamais vue à la cour.

Il y avait aussi la marquise de Latour-Maubourg, fille du duc de Trévise; son mari était attaché à la vénerie de l'Empereur. Il avait la taille et le beau visage des anciens preux. C'était un ménage très uni et madame de Maubourg, qui était bonne et agréable adorait son mari. On la taquinait un peu sur leur perpétuelle lune de miel.

— Que feriez-vous, lui disait-on un jour, si vous appreniez que Maubourg vous trompe?

— J'en serais si étonnée, répondit-elle, que j'en mourrais de surprise.

Elle élevait avec infiniment de tendresse et de soin leurs deux beaux enfants, un fils et une fille. Indépendants, bien nés, fortunés, leur vie fut pendant longtemps exempte de toute peine. Un jour que j'étais de service avec elle, on lui remit en montant l'escalier des Tuileries une dépêche qu'elle ouvrit. On lui annonçait que son père, le duc de Trévise, qu'elle avait quitté bien portant peu auparavant, avait la petite vérole.

— C'est le premier chagrin de ma vie, me dit-elle fort émue. Dieu sait tout ce qui va m'arriver maintenant.

Le duc de Trévise mourait peu de jours après à Sceaux, dans l'ancienne demeure de la duchesse du Maine qu'il avait entrepris de restaurer. Quinze jours plus tard la duchesse de Trévise, ayant gagné la petite vérole en soignant son mari, mourait à son tour.

Madame de Maubourg était encore en deuil lorsque la guerre éclata. Son fils âgé de vingt ans, un jeune homme beau comme son père, plein d'avenir, partit avec les mobiles de la Haute-Loire où ils avaient des terres considérables. Il fut tué dans un combat et on le lui ramena mort. Une fille charmante lui restait. Elle la maria au comte Pierre de Kergorlay et moins d'un an après la pauvre enfant mourait en couches.

Monsieur de Latour-Maubourg, à la suite de tant de malheurs, traîna pendant de longues années une vie languissante. La douleur l'avait terrassé. Sa femme trouva le courage de le soutenir, le soignant avec un admirable dévouement. Il est mort dernièrement. La marquise de Latour-Maubourg est une femme d'une grande piété. On dit qu'elle entrera dans un couvent.

La sixième dame du palais de l'Impératrice était la baronne de Pierres, dont le mari était premier écuyer de l'Impératrice. C'était la femme de France qui montait le mieux à cheval et pourtant la personne la plus timide que j'aie connue. Un rien la troublait. Elle avait été fort jolie et elle était parfaitement bonne et agréable.

Le service journalier était fait exclusivement par les dames du Palais ; la grande maîtresse et la dame d'honneur ne s'occupaient que des présentations, des audiences et ne paraissaient que dans les cérémonies.

La princesse d'Essling réglait le service des dames pour chaque semaine.

Dans la suite, le nombre des dames du palais fut augmenté et porté à douze. L'Impératrice choisit madame de Sancy de Parabère née Lefèvre-Desnouettes, une personne éminente par l'esprit, par l'élévation du caractère, par les plus aimables qualités. Elle conservait, longtemps après la jeunesse, les agréments d'un charmant visage. L'Impératrice avait pour elle tout l'attachement que méritait cette femme d'une distinction supérieure. La comtesse de la Bédoyère pleine d'esprit et grande musicienne, avait l'éclat et la beauté ample des femmes du temps de Louis XIV. Devenue veuve en 1869, elle épousa le prince de la Moskowa. Elle était, ainsi que sa sœur, la comtesse de la Poëze, fille de la marquise de Laroche-Lambert qui fut ambassadrice à Berlin. Ces deux dames, élevées en partie à l'étranger, avaient tout à fait l'esprit des cours. Madame de Saulcy, était la femme si distinguée du spirituel membre de l'Institut. Elle vit maintenant fort retirée, toute occupée d'œuvres pieuses, enfermée dans la religion du souvenir. Puis la comtesse de Rayneval, qui ne se maria pas. Chanoinesse d'un ordre de Bavière, elle conserva longtemps une beauté sculpturale. C'est elle qui avait posé pour la muse que l'on voit couronnant Chérubini dans le célèbre tableau d'Ingres.

La comtesse de Lourmel veuve du général tué en Crimée, était une toute petite femme sans beauté, mais non sans prétentions, qui n'avait jamais pu se défaire de ses allures provinciales. Elle avait le travers d'une jalousie féroce dans tout ce qui touchait à l'Impératrice. Elle se serait battue pour soutenir ses prérogatives. L'Impératrice la voyant assez isolée, car elle n'avait point d'enfants, peu de fortune et de relations, la traitait avec une indulgence un peu familière. La pauvre petite comtesse rêva toujours le rôle de favorite de l'Impératrice qui était fort au-dessus de ses capacités. On fut surpris un jour de la voir arriver aux Tuileries, portant une parure d'émeraudes d'une invraisemblable beauté, entourées de quelques faibles diamants. Elle inventa je ne sais quelle fable d'héritage de famille, pour expliquer cette magnificence; mais on soupçonna toujours les émeraudes de ne pas venir du Pérou, et cela valut à madame de Lourmel le surnom malicieux de la dame aux « éméraudes, » suivant la prononciation assez défectueuse qu'elle avait adoptée pour parler de sa parure. Cette innocente supercherie tenait à un fond de vanité qu'il fallait peu de chose pour irriter. La comtesse de Lourmel finit fort tristement. Sa pauvre tête tourna et l'on apprit un jour qu'elle avait perdu la raison. Elle mourut vers 1868.

La baronne de Viry-Cohendier, d'une très ancienne famille de Savoie, fut nommée dame du Palais en 1860, au moment de l'annexion. C'était une jeune femme d'une figure agréable, avec de fort beaux yeux bruns. Le maréchal Vaillant, qui l'admirait beaucoup, l'abordait toujours en lui disant :

— Madame, vous me faites songer à Junon aux yeux de vache.

Cette évocation d'Homère flattait médiocrement la jolie baronne. Son mari, monsieur de Viry-Cohendier, était un grand jeune homme aussi pâle, aussi froid, aussi muet qu'elle était vive et animée. Cependant elle en était fort jalouse. Il errait mélancoliquement à travers les fêtes de la cour, ne se mêlant à aucune intimité, fort surveillé par son aimable femme, qui était fanatique de son pays et montrait une grande susceptibilité sur tout ce qui touchait à la Savoie.

La gaze de Chambéry, ce produit un peu démodé de l'industrie savoisienne, jouait un grand rôle dans ses toilettes, mais elle n'avait pas réussi à faire partager son goût autant qu'elle l'eût souhaité. Cependant, chaque année, pour lui être agréable, l'Impératrice en faisait venir quelques pièces qu'elle distribuait autour d'elle. Après la guerre, monsieur et madame de Viry restèrent dans leur vieux château de Savoie et on ne les revit plus.

Madame Féray-d'Isly, la seconde fille du maréchal Bugeaud, fut aussi pendant un moment dame du Palais. Mais son humeur s'accordait mal, paraît-il, de la déférence due à une souveraine. Elle se rappelait avec amertume le temps où, lorsque le maréchal Bugeaud son père, était gouverneur général de l'Algérie, c'était pour sa voiture que l'on battait aux champs quand elle sortait du palais du gouvernement. Elle se laissa aller à quelques propos qu'elle put regretter et on lui fit comprendre qu'il valait mieux ne pas conserver une situation faite pour lui déplaire.

Je ne crois pas qu'elle revînt jamais aux Tuileries où le général Féray, son mari, très apprécié de l'Empereur, était cependant toujours fort bien accueilli.

A l'époque de mon arrivée auprès de l'Impératrice, la comtesse de Lezay-Marnésia, fort souffrante depuis longtemps et ne pouvant plus faire son service, pria l'Impératrice de lui permettre de se retirer. Elle resta dame honoraire et ne fut pas remplacée, quoique bien des femmes aient brigué sa succession.

Plusieurs fois l'Impératrice me fit répondre aux sollicitations qu'on lui adressait que cette place était promise.

Lorsque mon mariage fut décidé, l'Impératrice eut la bonté de me dire que ne voulant pas m'éloigner d'elle, c'était à moi qu'elle avait pensé en réservant cette situation. En effet, par un décret inséré au *Moniteur* le 22 avril 1866, je fus nommée dame du Palais de l'Impératrice le jour de mon mariage.

Nous faisions le service deux à la fois. Les dames du Palais n'habitaient pas les Tuileries. Pendant la semaine de service, chaque jour une grande berline de la cour venait nous prendre. Le cocher attaché à ce service, nommé Pinson, remplissait ses fonctions avec une gravité que rien ne fléchissait. Une fois qu'il avait chargé ses deux dames, il prenait un petit trot solennel et quelle que fût l'heure ou la circonstance, nous ne pouvions jamais obtenir un train plus rapide.

L'Empereur, passant un jour la revue des écuries, remarqua son ampleur et sa bonne mine.

— A quel service êtes-vous attaché? lui demanda l'Empereur.

— Pinson, cocher des dames, Sire, répondit-il d'un air navré dont l'Empereur se divertit beaucoup.

Depuis lors on nous accusa, bien à tort, de le martyriser. Pinson se considérait comme le dépositaire de notre dignité aux yeux du public; il entendait nous conduire à sa guise et il n'y avait pas dans Paris un cocher aussi esclave du décorum.

Chaque dimanche le service changeait. A onze heures et demie le nouveau service et tous les grands dignitaires de la couronne se réunissaient dans le salon du Premier Consul. L'Empereur, l'Impératrice et le Prince Impérial s'y rendaient après leur déjeuner, saluaient chaque personne et le cortège se formait pour se rendre à la messe de la chapelle des Tuileries en traversant la salle des Maréchaux, la galerie de la Paix et une galerie dite des Travées qui s'ouvrait sur la chapelle.

C'est là que chaque dimanche j'ai vu l'archevêque de Paris monseigneur Darboy, grand aumônier de l'Empereur, dont la fin terrible, sous la Commune, attache une tragique émotion à son souvenir. Monseigneur Darboy qui, dans ses Mandements avait une éloquence d'apôtre, était un silencieux bienveillant. Il était maigre, de petite taille, le visage mince et les traits longs. Ses cheveux grisonnants retombaient sur son cou. Son apparence était modeste, presque timide. Il y avait beaucoup de douceur, de la mélancolie même dans sa physionomie.

Les autres grands officiers de la couronne étaient le maréchal Vaillant, ministre de la maison de l'Empereur. Il était un de ceux qui tremblaient ou qui prétendaient trembler devant l'Empereur ; il n'était cependant pas timide. C'était un horticulteur passionné. Il adorait les fleurs et se piquait aussi de connaître l'agriculture qu'il avait étudiée dans des ouvrages fort savants. Il pensait avoir trouvé le moyen d'exterminer le ver blanc, cet ennemi acharné de la culture de la betterave. Il fallait, suivant lui, multiplier les taupes, très friandes, paraît-il, de cet horrible insecte. Il avait réuni dans une caisse pleine de terre beaucoup de vers blancs et y avait enfermé une taupe. Le lendemain tous les vers blancs avaient disparu. Cela lui parut concluant, et il prétendait appliquer le même système aux champs. Il oubliait, en théoricien qu'il était, que l'expérience faite au Louvre sur une fenêtre de ses appartements ne prouvait pas grand'chose et que les taupes, en se multipliant, seraient probablement devenues un fléau beaucoup plus grand que les vers blancs.

Le maréchal, fort aimable à la cour, avait la réputation d'être tout autre dans ses fonctions officielles et lui-même avouait volontiers qu'il était rude. La veuve d'un colonel ayant eu quelque chose à solliciter, il la reçut d'une façon assez peu courtoise, puis, voyant qu'il avait à faire à une personne du meilleur monde et de beaucoup d'esprit il se radoucit, et à la fin de la visite, comme elle prenait congé :

— Vous devez me trouver bien sanglier, Madame, lui dit-il.

— Oh! pas si sauvage que cela, Monsieur le Maréchal, dit la dame en s'en allant.

Le Maréchal avait trouvé la réplique spirituelle et lui-même se plaisait à la raconter. Il était très fin, du reste, sous une apparence bourrue plutôt affectée que réelle.

Le grand chambellan, le duc de Bassano, habitait les Tuileries. Il assistait aussi chaque dimanche à la messe. Personne ne sut remplir avec plus de dévouement, plus de distinction, plus de réelle bonté des fonctions délicates. Tous ceux qui le voyaient, même après un refus, le quittaient satisfaits; nul mieux que lui n'a su concilier des amis à l'Empereur. Avec sa mine de grand seigneur, sa politesse exquise, sa patience, son désir d'obliger il était bien l'intermédiaire qu'il fallait pour représenter un souverain tel que Napoléon III. Il remplaçait souvent l'Empereur en recevant des audiences, ou dans certaines solennités.

Le duc de Bassano, aujourd'hui d'un âge avancé, s'est entièrement consacré à l'Impératrice. Il vit en Angleterre sans cesse à ses côtés, l'entourant d'une déférence, d'une affection véritablement touchante ; veillant sur elle en quelque sorte, toujours prêt à lui épargner une peine, à lui adoucir une douleur. A force d'égards, de noblesse, de délicatesse, il maintient autour d'elle, dans la solitude de Chislehurst ou de Farnborough, le prestige du rang souverain.

Son attachement à la famille impériale, la dignité de sa vie, son dévouement rappellent les plus nobles fidélités de notre histoire. C'est un caractère digne de la plus grande vénération. Des hommes tels que lui feraient aimer l'humanité.

La duchesse de Bassano, née d'Hoogworth, belge d'origine, dame d'honneur de l'Impératrice, était la grâce et la bonté mêmes. Elle était la digne compagne de son mari. Trois enfants, un fils et deux filles, formaient autour d'eux une famille charmante.

Les filles de la duchesse de Bassano étaient deux jeunes personnes accomplies. Il n'était pas possible de voir, dans le monde brillant où elles vivaient, rien de plus aimable que ces deux sœurs toujours unies, toujours pareilles, toutes deux jolies et naturelles, répandant autour d'elles le charme de la jeunesse rehaussé par les qualités attrayantes d'une éducation parfaite.

L'aînée a épousé son cousin le baron d'Hoogworth. Elle vit en Belgique, où elle est dame du Palais de la reine Henriette. La seconde est la marquise d'Espeuilles, la femme du brillant général qui fut officier d'ordonnance de l'Empereur, puis aide de camp du Prince Impérial.

C'est le duc de Bassano qui, le 19 juin 1879, accomplit le devoir terrible de laisser deviner à l'Impératrice la mort du Prince Impérial. Dès la veille, le bruit s'en était répandu à Londres.

Le 19 juin, à huit heures du matin, lord Sydney, grand chambellan de la Reine, vint envoyé par Sa Majesté, porteur de la terrible nouvelle.

Il fit demander le duc de Bassamo. Le duc chérissait le Prince Impérial, il était anéanti de douleur. Lord Sydney le pressait de préparer l'Impératrice.

— Jamais, disait le duc, jamais mes lèvres ne pourront proférer de semblables paroles.

— Songez, disait lord Sydney, que l'Impératrice peut être instruite par un journal, par quelque indiscrétion vulgaire.

Le duc y alla.

L'Impératrice, surprise de voir le duc se présenter chez elle de si bonne heure, le fit entrer aussitôt.

— Vous avez des nouvelles du Zululand? lui dit-elle avant qu'il eût parlé.

— Oui, madame, et elles ne sont pas bonnes.

— Louis est malade! Eh bien, mon cher duc, nous allons partir tout de suite et nous irons le soigner.

— Il y a eu un combat, dit le duc de Bassano.

— Il est blessé?

Le duc s'inclina.

— Nous pouvons partir aujourd'hui même Nous trouverons bien à Londres un bâtiment pour nous conduire à Suez. De là on avisera. Tous les jours il y a des départs.

Et, appelant ses femmes, l'Impératrice donna quelques ordres rapides pour qu'on préparât immédiatement les objets indispensables.

— La blessure est grave? dit l'Impératrice,

n'osant interroger ni même regarder le duc, qui s'était tenu jusque-là à l'entrée de la chambre.

Puis elle alla droit à lui en le fixant avec angoisse. Les larmes inondaient le visage du duc de Bassano. L'Impératrice jeta un cri terrible.

Elle avait compris.

Pendant toute cette journée fatale l'Impératrice eut plusieurs syncopes. On craignit pour sa vie; on était allé prévenir M. l'abbé Goddard, curé de l'église Sainte-Marie de Chislehurst, pour venir l'assister.

— Je ne pourrai même pas mourir! disait l'Impératrice en revenant à elle; et Dieu clément me donnera cent ans de vie.

De telles douleurs ne se racontent pas. Le marquis de Bassano, fils du duc, supplée parfois son père auprès de l'Impératrice.

Il accompagna Sa Majesté dans le voyage qu'elle fit au Zululand après la mort du Prince Impérial afin de recueillir elle-même les souvenirs qui pouvaient aider à reconstituer toute cette terrible histoire, afin qu'on ne pût jamais élever aucun doute sur la façon dont la catastrophe s'était accomplie; véritable calvaire où la souveraine dut soutenir la mère abîmée de douleur.

En arrivant au lieu désert où tout ce qu'elle aimait au monde avait fini d'une façon si tragique, la nature eut une révolte suprême et l'Impératrice s'évanouit à la place même où, sur cette terre désolée, au sein d'une solitude sauvage son enfant avait été frappé.

Le jeune marquis de Bassano sut trouver les seules consolations que l'on pouvait offrir à une douleur pareille. Avec des attentions pleines de délicatesse, une véritable intelligence du sentiment, il aida l'Impératrice à accomplir cet acte surhumain.

En outre des personnes de la cour, il y avait à la messe des Tuileries une assistance nombreuse. On y était convoqué par invitation. On ouvrait les travées qui donnaient sur la chapelle et les personnes invitées se tenaient là ainsi que dans le bas.

L'Empereur et l'Impératrice, entourés de leur service, se plaçaient dans une grande tribune qui occupait le fond de la chapelle, en face de l'autel, et les dames de service se mettaient dans les travées de gauche. C'était une messe chantée avec des chœurs et des soli. La musique était excellente; l'office avait beaucoup de solennité.

Monseigneur Tirmarche, évêque d'Adras, officiait presque tous les dimanches. C'était un ancien curé de Ham, dont l'Empereur avait conservé un bon souvenir et qu'il s'était empressé d'attacher au service de la chapelle Impériale. Après son évasion l'Empereur l'avait prié de conserver, en souvenir de lui, les vases sacrés, qui venaient de la chapelle de la Reine Hortense et dont on se servait pour dire la messe à laquelle l'Empereur assistait régulièrement, chaque dimanche, pendant sa captivité. Monseigneur Tirmarche était un digne vieillard très modeste. Vers la fin de sa vie il fut mordu par un chien que l'on crut enragé. Cela lui causa une impression très pénible. Il mourut en 1870 après la guerre.

Un clergé nombreux était attaché à la chapelle. M. l'abbé Laisne portait le titre de curé vicaire. La chapelle relevait de la paroisse Saint-Germain-l'Auxerrois; néanmoins il y avait des registres spéciaux sur lesquels on enregistrait tous les actes religieux qui y étaient accomplis, tels que les baptêmes des enfants dont l'Empereur et l'Impératrice étaient parrain et marraine et les mariages auxquels Leurs Majestés assistaient, ce qui était assez rare. L'Empereur et l'Impératrice voulurent bien me faire cet honneur, et c'est dans la chapelle des Tuileries que je fus mariée.

Le 4 septembre l'abbé Laisne se trouvait dans la chapelle lorsque les Tuileries, furent envahies. Il put enlever le registre particulier sur lequel étaient portés l'acte de mariage de l'Empereur et de l'Impératrice et l'extrait de baptême du Prince Impérial. Il put ainsi sauver ces pièces importantes.

L'abbé Laisne, un grand vieillard toujours alerte, préside encore toutes les cérémonies religieuses qui réunissent la société impérialiste. Sa physionomie sympathique est bien connue de tous ceux qui ont conservé le culte du souvenir. C'est lui qui célèbre les messes d'anniversaire; c'est encore à lui que l'on demande les dernières prières pour ceux qui autrefois faisaient partie de la maison de l'Empereur. Son ministère s'est exercé souvent, car les vides sont déjà nombreux parmi ceux qui composèrent cette cour brillante.

Après la messe où l'Empereur assistait en tenue de général de division, il recevait tous les officiers supérieurs et généraux depuis le grade de lieutenant-colonel. Ils pouvaient tous l'entretenir librement et l'Empereur prenait un grand intérêt à ces réunions d'officiers, les connaissant presque tous par leur nom et s'intéressant à eux avec une inépuisable et généreuse bonté.

Un jour un colonel nouvellement promu se présenta à l'Empereur, qui, le voyant pour la première fois, lui demanda son nom.

— Paillard, répondit le colonel.

— Vous avez là un bien beau nom, lui dit l'Empereur, qui n'avait pas bien entendu! Le chevalier sans peur et sans reproche.

— Pardon, Sire, c'est Paillard.

— Eh! mais, dit l'Empereur en souriant, c'est aussi un très beau nom.

La chapelle des Tuileries, sans grand caractère, était assez simplement ornée. Deux très remarquables tapisseries des Gobelins décoraient le fond de chaque côté de l'autel. C'était la Fuite en Égypte et la Visitation. Pendant le carême et chaque dimanche il y avait sermon. L'Empereur et l'Impératrice assistaient à la messe dans le bas de la chapelle. C'est là, que tour à tour, on entendit les grands orateurs sacrés de notre temps.

L'abbé Deguerry, le vénérable curé de la Madeleine, fut un de ceux qui y parlèrent en dernier lieu.

L'abbé Bauer, de fâcheuse mémoire, y prêcha également. Il arrivait d'Italie. Fortement recommandé par la cour de Rome comme un néophyte plein d'ardeur et de foi, il était précédé d'une réputation d'éloquence qui lui valut d'être désigné pour prêcher devant Leurs Majestés le carême de 1866.

Il avait laissé à Vienne, à Madrid, où il avait débuté dans la chaire d'éloquence sacrée, des souvenirs qui, joints à la légende un peu mystérieuse de sa conversion au catholicisme, entouraient son nom et sa personne d'un intérêt spécial et d'une curiosité toute particulière.

Le premier jour qu'il vint à la cour pour être présenté à Leurs Majestés par le vénérable archevêque de Paris, il apparut pâle, ascétique, comme ravagé par les austérités d'une vie de pénitence, avec un air de jeunesse et de modestie fait pour impressionner favorablement en sa faveur. L'abbé Bauer avait alors près de quarante ans, mais petit et mince, il semblait beaucoup plus jeune.

Quand on a connu le personnage on est tenté

de dire qu'il rappelait un des trois mousquetaires d'Alexandre Dumas, une sorte d'Aramis, moins la grâce et la distinction. Ses longs cheveux d'un noir de jais, ses traits accentués, ses yeux sombres et creux lui faisaient une physionomie extraordinaire. En l'entendant parler, ces bonnes impressions ne se modifiaient pas. Sa parole savamment mesurée s'élevait progressivement aux accents d'une piété pathétique et profonde. Une voix nerveuse, et le léger accent germanique dont il ne s'était pas défait, scandaient ses phrases et les imprimaient dans la pensée de ses auditeurs, sur lesquels il répandait un grand souffle de foi. Il avait une abondance d'images heureuses, beaucoup d'énergie et de souplesse, tout ce qu'il faut, en un mot, pour captiver l'auditoire d'élite auquel il s'adressait.

Quelques femmes de la cour chez lesquelles le côté religieux n'était pas assez élevé, sans doute, pour se dégager des influences extérieures, s'engouèrent du jeune prédicateur et s'en allèrent partout répandant ses louanges, avec l'exagération dont ce genre de personnes abuse pour ce qui touche à la dévotion.

Il devint le confesseur de ces dames, le confident des cœurs faibles. Et, dans le petit appartement qu'il habitait aux Carmes, ce fut bientôt une procession des femmes à la mode de Paris, qui allaient à l'envi chercher auprès de lui des avis et des consolations.

La tête de l'abbé Bauer n'était pas de force apparemment, à supporter ces pièges mondains. Lorsque l'année suivante on le revit à la chapelle des Tuileries, où il n'a jamais eu, du reste, de titre officiel, il était devenu presque gênant. On a dit qu'il faisait faire ses soutanes chez le grand faiseur; je pense que cela tenait surtout à la façon théâtrale dont il les portait. Il était inondé d'opoponax, il parlait aux femmes d'un ton de familiarité cavalière, se redressant dans sa petite taille et jouant les prélats à talon rouge de l'ancienne cour, d'une façon déplacée.

L'accueil que l'Impératrice lui avait fait au début et la sympathie qu'elle lui avait montrée se ressentirent d'une si regrettable transformation. L'Impératrice détestait par-dessus tout le genre commun et pompeux. Bientôt on évita l'abbé Bauer. Comme il n'était pas homme à comprendre à demi-mot et à se retirer, ou à se modifier devant une attitude très refroidie, il engagea une sorte de lutte dans laquelle il eut l'avantage de l'indiscrétion. Il n'y avait alors aucune raison apparente de le mettre officiellement à l'écart. Il eut l'adresse de se faufiler et de s'imposer en abusant de l'extrême bienveillance des souverains, qui reculaient toujours devant une exécution.

En 1867, la cour étant à Biarritz, l'abbé Bauer y accourut. Il vint présenter ses hommages à la Villa Eugénie.

Il était d'usage d'inviter à déjeuner les personnes présentées qui passaient à Biarritz; on pria l'abbé Bauer comme tout le monde. Ce jour-là même, l'Impératrice allait faire une excursion en mer, à bord du stationnaire, un petit aviso à vapeur, *le Faon,* qui restait aux ordres de l'Empereur pendant son séjour à Biarritz. L'abbé Bauer entendant parler de cette promenade exprima le désir de visiter la côte, de telle façon qu'on se trouva en quelque sorte forcé de l'emmener.

L'Empereur se souciait peu de la navigation. Il avait ce jour-là à Biarritz quelques ministres;

M. Rouher, entre autres. Il n'accompagna donc pas l'Impératrice, qui s'embarqua avec le Prince Impérial, l'amiral Jurien de la Gravière, ses deux jeunes nièces, filles de la duchesse d'Albe, qui vivaient alors auprès d'elle; Mlle Marion, demoiselle d'honneur; le docteur Corvisart et, moi qui disparus presque aussitôt sous l'influence du mal de mer.

La première partie de la promenade se passa bien et on alla jusqu'à Saint-Sébastien; mais le vent s'étant levé, la mer grossit et le commandant du *Faon* déclara qu'on ne pourrait pas débarquer au port Vieux à cause de la violence de la mer à Biarritz, et qu'il fallait aller à Saint-Jean-de-Luz. On arriva plus tard qu'on ne l'avait pensé, la nuit se faisait déjà. Saint-Jean-de-Luz est un petit port de pêche qui n'abrite que des barques légères. Une jetée étroite et longue, sorte d'épi, sépare deux petites baies qui forment un point de refuge sur cette côte bordée de falaises abruptes; mais les plages sont hérissées de rocs et le bâtiment ne pouvait approcher. Il fallut donc, pour descendre à terre, se servir des embarcations du bord. L'agitation de la mer avait augmenté mon malaise. La plus jeune des nièces de l'Impératrice, Mlle Louise d'Albe, était fort malade également. On nous transporta dans la petite embarcation à peu près sans connaissance, et les marins ramant, on nous ramena à terre.

On avait aperçu le navire impérial, et toute la population, armée de falots, s'était portée au-devant de l'Impératrice, éclairant la jetée pour indiquer le chenal. Nous débarquâmes sans encombre et nous restâmes sur la jetée, attendant l'arrivée du canot de l'Impératrice, qui n'avait pas encore abordé. Le temps s'écoulait et nous ne voyions rien venir. L'inquiétude nous gagnait : qu'avait-il pu arriver? Enfin le docteur Corvisart, se faisant un chemin à travers la foule, parvint jusqu'à nous.

— Venez, nous dit-il. L'Impératrice vient d'échapper à un épouvantable péril! Ils sont sauvés, mais non sans risques.

En effet, par suite d'une erreur du pilote qui dirigeait l'embarcation où l'Impératrice avait pris place avec le Prince Impérial, l'amiral Jurien, le commandant du *Faon*, l'abbé Bauer et M. Corvisart, au lieu de faire le chemin que nous avions suivi et de gagner le chenal, s'était aventurée de l'autre côté de la jetée sur une plage semée d'écueils, et l'embarcation, poussée par la force des vagues, était venue se briser sur une des plus grosses roches que la mer balayait. L'obscurité était si profonde, qu'on ne pouvait pas distinguer à quelle distance on se trouvait du rivage. Les marins se placèrent sur la roche et aidèrent l'Impératrice à s'y maintenir au milieu des vagues qui déferlaient avec violence. L'Impératrice tenait son fils dans ses bras.

— N'aie pas peur, Louis, dit-elle au Prince Impérial.

— Je n'ai pas peur maman, répondit le Prince. Je n'oublie pas que je m'appelle Napoléon.

Le Prince était alors un enfant de onze ans.

Lorsque tous les passagers furent à peu près en équilibre sur la roche, un des marins, qui était très bon nageur, déclara qu'il pensait pouvoir arriver à terre pour amener des secours, et se mit à l'eau. Il sentit la terre sous ses pieds; alors les autres hommes de l'équipage, imitant son exemple, se mirent à la mer et, formant la chaîne, se soutenant les uns les autres, ils parvinrent à déposer sur le rivage l'Impéra-

trice, le Prince Impérial et les autres passagers !
Quand vint le tour de l'abbé Bauer, personne ne
voulait s'en charger.

— Si nous n'avions pas eu l'abbé à bord, disaient entre eux les matelots, rien de pareil ne serait arrivé.

En effet, c'est une idée répandue parmi les matelots qu'une excursion dont fait partie un prêtre doit avoir un dénouement fatal.

Le bruit se répandit vite de l'événement qui venait d'avoir lieu. La population de Saint-Jean-de-Luz se porta aussitôt du côté de la plage. L'Impératrice et le Prince étaient mouillés comme des personnes qui ont séjourné dans l'eau. On habilla le Prince à la hâte de quelques vêtements d'emprunt, et l'Impératrice, pensant à l'inquiétude que l'Empereur devait éprouver en ne la voyant pas rentrer, monta dans les voitures qui attendaient, sans prendre le temps de mettre des vêtements secs.

L'Empereur, en effet, et les ministres étaient dans la plus vive inquiétude, et, lorsqu'on eut raconté le terrible épisode, l'Empereur jura bien qu'il ne souffrirait plus les excursions en mer. Celle-ci eut un bien triste épilogue. Le malheureux pilote qui avait tout conduit fut noyé, et le lendemain la mer rejetait son corps, tout meurtri de blessures, sur la plage même où s'élevait sa petite maison, dont la lumière habituellement lui servait de signal.

Quelques jours après, l'Empereur voulut voir le lieu de la scène.

La mer était basse et l'énorme rocher sur lequel s'était brisée l'embarcation de l'Impératrice était entièrement à découvert. Il avait bien trois mètres de haut, et c'était un gros cube isolé sur lequel douze ou quinze personnes auraient pu se tenir, si la mer le leur avait permis. L'Empereur ordonna la construction d'un phare destiné à guider les barques qui rentraient la nuit, et voilà pourquoi on voit aujourd'hui un feu sur le môle de Saint-Jean-de-Luz.

CHAPITRE V

Comment l'Impératrice m'appela auprès d'elle. — Mon arrivée aux Tuileries. — Première sortie avec l'Impératrice. — L'intérieur des Tuileries. — Occupations habituelles de l'Impératrice. — Le Prince Impérial enfant. — Bagatelle. — M. Damas-Hinard, secrétaire des commandements. — M. de Saint-Albin, bibliothécaire. — La comtesse Pons de Wagner, lectrice de l'Impératrice. — Les appartements particuliers de l'Impératrice. — La Princesse Anna Murat. — La duchesse de Morny. — La duchesse de Malakoff. — La duchesse de Cadore. — La duchesse de Persigny. — La comtesse Walewska.

Le 26 février 1864, je perdais mon père alors colonel à Cherbourg.

Il était jeune encore, plein d'avenir, je le chérissais. Ma mère et moi nous restions sans fortune. L'Impératrice apprit cet événement par le docteur Conneau qui était de nos amis. Elle ne m'avait point oubliée. Elle s'intéressa vivement à notre situation.

Peu de temps après, ma mère recevait la visite de l'amiral Charles Duperré, alors officier d'ordonnance de l'Empereur. Il lui était envoyé par l'Impératrice, qui offrait de m'attacher à sa personne et de se charger de mon avenir.

Ma mère hésitait, sa tendresse redoutait pour moi un périlleux honneur. Élevée en Bretagne, je ne connaissais personne de cette cour brillante, et ma mère craignait que, dans un milieu si nouveau, je ne rencontrasse bien des difficultés.

A ce moment même un très riche mariage m'était offert. On me pressait de l'accepter. Mais je n'étais pas entraînée par l'affection, et je ne pouvais m'y résoudre.

L'intérêt que l'Impératrice me témoignait me touchait profondément et, séduite par le vif attrait que je sentais pour elle, je rêvais de lui consacrer ma vie.

Ma mère vit l'Impératrice, causa longuement avec elle. Sa Majesté lui expliqua quelle serait ma situation, dans quelles conditions je vivrais près d'elle. Elle la rassura et nous acceptâmes la destinée qui m'était offerte.

L'Impératrice avait exprimé le désir que je ne

sortisse jamais sans elle. Je ne devais pas la quitter, la suivant dans ses voyages, et vivant exclusivement de sa vie. Ma mère et toutes les femmes de ma famille et de mes amies pourraient venir me voir aux Tuileries, mais je ne devais recevoir aucune autre visite.

Cette règle établie me laissait libre de me consacrer à mes nouveaux devoirs. C'était en même temps, pour une jeune fille telle que je l'étais alors, la seule façon convenable d'accepter la situation.

On était assez embarrassé sur le choix du titre qui me serait donné. Il n'y avait pas eu de demoiselles d'honneur à la cour de France depuis Louis XIV. L'Impératrice avait déjà auprès d'elle une vieille dame, la comtesse de Wagner de Pons, qui remplissait très honorifiquement la place de lectrice. On hésitait à donner le même titre à une jeune personne, afin ne pas la froisser. On s'arrêta pourtant à ce parti et je fus nommée seconde lectrice de l'Impératrice.

De tout temps dans les cours, les plus petits événements prennent de l'importance. Les petits intérêts, les rivalités grossissent tout. Les souverains généralement, ménagent bien plus ceux qui les servent, qu'ils ne sont ménagés eux-mêmes. La façon spontanée dont l'Impératrice voulait bien m'appeler auprès d'elle pouvait porter ombrage à d'autres personnes. Le secret fut bien gardé, fort peu de monde étant dans la confidence, et on ne connut ma nouvelle situation qu'en me voyant aux Tuileries.

Il fallut s'occuper de mon modeste trousseau. L'Impératrice y pourvut en partie en m'envoyant par Mme Pollet sa trésorière, des toilettes fort simples et du meilleur goût.

Enfin, le 24 avril 1864, accompagnée de ma mère, j'arrivais aux Tuileries pour m'y installer. Nous étions bien émues l'une et l'autre. Nous vivions dans la plus intime union, échangeant nos pensées à toute heure, accoutumées à mettre tout en commun. Nous ne nous étions jamais quittées. Ma mère, au milieu des embarras de la vie militaire, s'était occupée seule de mon éducation et je n'avais pas un souvenir, pas un sentiment qui ne me vînt d'elle. Désormais nous allions vivre séparées. Ma mère avait toutes les sollicitudes, toutes les appréhensions. Pour moi j'étais pleine de confiance dans l'appui que l'Impératrice m'offrait.

En arrivant, on nous introduisit dans un salon du rez-de-chaussée du côté du pavillon de Flore, et presque aussitôt on vint nous prévenir que l'Impératrice nous attendait. Il était midi et demi. Leurs Majestés venaient de terminer leur déjeuner. Après être montées au premier étage, on nous fit traverser la grande galerie de Diane, le salon de Louis XIV, qui servait de salle à manger. Le Prince Impérial achevait seul son repas. Miss Schaw, sa gouvernante anglaise, se tenait auprès de lui. C'était un bel enfant de huit ans, à la physionomie ouverte, au teint blanc, avec les beaux yeux bleus de sa mère et de jolis cheveux bruns bouclés. Il causait fort gaiement en anglais lorsque nous entrâmes. En nous voyant il prit l'air grave qui se posait déjà sur son jeune visage. De lui-même se levant, il nous salua d'une façon tout à fait enfantine et charmante. Nous continuâmes de traverser les grands appartements jusqu'au salon d'Apollon sur lequel s'ouvraient les appartements particuliers de l'Impératrice. Le valet de pied qui nous conduisait ouvrit une grande porte en glace, et, nous ayant introduites dans un salon plus petit, très élégamment décoré qui donnait sur le jardin, il nous laissa.

Peu de moments après un huissier traversa le salon, frappa doucement à une porte qu'il ouvrit; puis, ayant dit quelques mots, il se retira. L'Impératrice parut presque aussitôt. Elle avait une simple jupe de soie noire, relevée sur un jupon de laine rouge, et le corsage de laine pareille serré à la taille par une ceinture noire, fermée d'une boucle de plusieurs ors qui contenait dans un monogramme toutes les lettres de son nom.

La beauté de l'Impératrice avait pris plus de gravité, tout en conservant l'ineffaçable pureté de ses traits; un peu de mélancolie répandue sur sa physionomie la rendait plus attachante encore. Sa taille, toujours superbe, avait gagné de l'ampleur. Les mains étaient très fines, très blanches et à l'exception de cinq anneaux d'or au quatrième doigt de la main gauche dont chacun rappelait le souvenir de quelque grand événement de sa vie, elle ne portait aucun bijou. Sa Majesté m'embrassa, me dit très affectueusement qu'elle était heureuse de m'avoir auprès d'elle, puis avec bonté elle s'efforça de rassurer ma mère qui ne pouvait cacher son émotion.

— Je n'exige qu'une chose de vous, me dit-elle. C'est que vous me disiez avec confiance et librement tout ce qui pourrait vous embarrasser ou vous faire de la peine, comme vous le diriez à madame votre mère. J'espère que vous vous plairez auprès de moi, et, comme vous me plaisez déjà beaucoup, tout ira bien.

Pendant cette conversation la porte était restée ouverte ; on entendait des éclats de rire, une voix d'enfant mêlée à une autre voix plus grave ; une légère odeur de cigarette se répandait dans le salon. Je compris que l'Empereur et le Prince Impérial devaient être dans la pièce voisine.

Après un quart d'heure d'entretien :

— Allez arranger vos affaires, me dit l'Impératrice ; bientôt je vous ferai demander. S'il manque quelque chose chez vous, demandez-le à Mme Pollet.

Ma mère prit congé et nous nous dirigeâmes vers les appartements que nous avions traversés en venant. Le valet de pied qui nous avait accompagnées nous attendait dans la galerie de Diane.

Il nous fit monter un escalier intérieur, sans aucun caractère, en haut duquel se tenait un cent-garde dans sa grande tenue, l'arme au pied, et je me trouvai dans mon nouveau logis.

Il était situé au second étage des Tuileries, au-dessus des appartements de l'Impératrice. Les fenêtres arrondies s'ouvraient sur le toit en terrasse : c'était l'ancien appartement d'une des princesse d'Orléans. Il se composait d'une antichambre éclairée par en haut, donnant accès dans un salon très confortable, une grande chambre avec des cabinets de toilette et une seconde chambre auprès, pour ma femme de chambre.

Madame Pollet, la trésorière de l'Impératrice, m'attendait. Elle était Espagnole et toute jeune ; elle était entrée au service de l'Impératrice avant son mariage. Depuis, elle ne l'avait jamais quittée.

Madame Pollet me parla du choix d'une femme de chambre comme d'une question qui lui semblait très importante. Elle m'offrit la sœur de deux femmes déjà attachées au service de l'Impératrice et qui désirait beaucoup se rapprocher de ses sœurs.

J'acceptai volontiers. C'était une fille pleine de qualités et fort habile nommée Franceline Merlin. Depuis cette époque elle ne m'a jamais quittée, et n'a pas cessé de me donner des marques d'attachement et d'un dévouement sans égal.

Vers trois heures, un valet de pied vint me prévenir que l'Impératrice s'apprêtait à sortir et que je devais l'accompagner. Je repris le même escalier que j'avais déjà monté et qui n'avait de jour que par en haut, si bien qu'en descendant il semblait qu'on s'enfonçât dans l'obscurité. Il me parut interminable ; du reste, il avait cent six marches. Un cent-garde était en faction au bas de cet escalier, qui aboutissait au rez-de-chaussée dans un large corridor éclairé jour et nuit par la lumière des lampes ; il longeait les appartements de l'Empereur et les séparait de ceux du Prince Impérial.

Le valet de pied ouvrit une porte, s'effaça pour me laisser passer et la porte refermée, je me trouvai dans un grand salon tendu de damas rouge donnant sur le jardin, où dix personnes environ, prêtes à sortir, se trouvaient réunies.

La vicomtesse Aguado, dame du palais de l'Impératrice, se leva et venant à moi, elle me dit de la façon la plus obligeante que l'Impératrice l'avait prévenue de mon arrivée. Elle me présenta à la baronne de Pierres, la seconde dame du palais qui se trouvait de service avec elle, et me nomma tous ceux qui étaient là et qui composaient le service d'honneur de Leurs Majestés.

Personne mieux que madame Aguado ne pouvait m'aider à surmonter l'embarras des premiers moments. C'était une des femmes les plus aimables de Paris et parfaitement bonne; elle sentit combien j'avais besoin d'être encouragée et s'appliqua à me donner un peu de confiance.

Les premiers moments d'une situation difficile comme celle où je me trouvais peuvent avoir une grande influence sur l'avenir. Je dois beaucoup à l'accueil que je reçus alors. Dans la jeunesse les impressions sont très vives, très mobiles. La sympathie qu'on me montra dissipa la plus grosse part de mes appréhensions. Je repris le calme et la liberté de mes pensées, et je compris qu'il fallait en un jour devenir telle que je devais l'être par la suite.

Bientôt l'Empereur et l'Impératrice parurent. Chacun se leva. L'Empereur m'adressa quelques mots de bienvenue, et l'on se dirigea vers les voitures qui stationnaient sous la voûte du pavillon de l'Horloge. C'étaient deux grandes berlines avec le siège à housse et deux valets de pied debout derrière les voitures. Un piqueur à cheval précédait pour faire dégager le passage. L'Empereur et l'Impératrice montèrent dans la première voiture avec l'aide de camp et le chambellan de service. Le baron Philippe de Bourgoing, l'écuyer de service, qui montait un fort joli cheval, galopait à la portière de droite, du côté de l'Empereur. Il n'y avait pas d'autre escorte.

Je pris place dans la seconde berline qui était toute semblable, avec les deux dames du Palais et le chambellan de l'Impératrice le marquis de Piennes.

Nous allions visiter une exposition de tableaux assez insignifiante, je crois.

A cinq heures nous rentrions. Les berlines s'arrêtèrent sous la voûte. Le suisse qui se tenait à la porte du vestibule frappa le sol d'un coup de sa hallebarde en l'éloignant à la longueur de son bras. Nous traversâmes de nouveau l'antichambre de l'Empereur, où se tenaient deux huissiers et des valets de pied; puis nous rentrâmes dans le salon où j'étais arrivée et qui était le salon de l'aide de camp de service.

L'Impératrice se retourna ainsi que l'Empereur. Ils saluèrent les personnes qui les avaient accompagnées, et l'Impératrice m'ayant appelée, je la suivis.

Leurs Majestés rentrèrent dans les appartements particuliers de l'Empereur. L'Empereur passa aussitôt dans son cabinet de travail, tandis que l'Impératrice, ouvrant une porte dissimulée sous la tenture, prit un petit escalier très étroit, complètement privé de jour, qui conduisait directement des appartements de l'Empereur aux siens.

Dans ce magnifique palais des Tuileries, si vaste et si somptueux, rien n'avait été prévu pour la vie intime. Après le 6 octobre 1789, lorsque Louis XVI et Marie-Antoinette vinrent s'y établir, on avait improvisé à la hâte des dispositions qui forcément sont toujours restées défectueuses.

En dehors des grands appartements, toutes les communications intérieures étaient obscures et il fallait, hiver comme été, avoir constamment des lampes allumées dans les petits escaliers et dans les corridors, ce qui devenait presque pénible à cause de la chaleur et du manque d'air, dès les premiers jours du printemps. Aussi malgré le bel horizon des marronniers du jardin voyait-on arriver avec joie le départ pour Saint-Cloud ou pour Fontainebleau.

A part le grand luxe et l'apparat journalier, la vie de l'Empereur et de l'Impératrice était bien différente de ce qu'on pense, dans le public, de la vie des souverains.

L'Empereur travaillait à toute heure, et ses moments de loisir étaient rares. Ce n'était surtout pas, malgré les apparences, une vie de plaisir.

A part les fêtes officielles et quelques petits bals au printemps, l'Impératrice, à Paris, vivait très solitaire. Toujours occupée, elle lisait beaucoup, parcourait tous les journaux, suivant les discussions des Chambres avec soin, et se tenant au courant de tous les ouvrages intéressants qui paraissaient.

Très tendre avec le Prince Impérial, qui était sans cesse autour d'elle, l'Impératrice s'occupait elle-même dans les plus petits détails, de tout ce qui le concernait; et tant que le Prince fut un enfant livré aux soins féminins, c'est-à-dire jusque vers l'âge de dix ans, l'Impératrice seule réglait l'emploi de son temps, ses promenades, son régime, le choix de ses vêtements, comme la mère la plus attentive; s'entendant directement, soit avec miss Schaw, la gouvernante anglaise qui n'avait pas quitté le Prince Impérial depuis sa naissance, soit avec monsieur Bâchon son écuyer, soit avec son précepteur monsieur Monier.

Aux Tuileries, l'Empereur et l'Impératrice déjeunaient seuls avec le Prince Impérial, tandis que dans les déplacements comme à Saint-Cloud, Fontainebleau, Biarritz, Compiègne, le déjeuner réunissait tout le service et tous les invités.

Ce repas servi à midi dans le salon de Louis XIV, était rapidement achevé. Puis, l'Empereur se rendait dans le cabinet de travail de l'Impératrice, où il fumait des cigarettes en causant avec sa femme et en jouant avec son fils.

A une heure, sous la garde de monsieur Bâchon, d'une gouvernante ou de son précepteur, le Prince Impérial sortait dans une grande voiture, ouverte ou fermée, suivant la saison. On la reconnaissait au peloton de cavalerie qui l'escortait au grand trot. Le Prince allait presque invariablement chaque jour à Bagatelle, ce charmant pavillon construit en quelques semaines par le comte d'Artois au milieu du Bois de Boulogne, pour une fête donnée à la reine Marie-Antoinette.

Bagatelle appartenait au marquis de Hertford, un grand seigneur anglais, ami des arts, très français de goût. L'Empereur avait désiré acheter ce joli domaine, afin que le Prince Impérial pût avoir pendant les séjours à Paris un lieu de promenade aéré et libre.

Lord Hertford pria l'Empereur de lui laisser la propriété de Bagatelle; mais il insista si galamment pour que le Prince en usât à son gré, que l'Empereur accepta. Le Prince s'y rendait le plus souvent avec Louis Conneau, le fidèle compagnon de ses jeux, un enfant de son âge, fils du docteur Conneau, le plus ancien, le plus dévoué des amis de l'Empereur.

Chaque fois que le Prince Impérial sortait, l'Impératrice en l'embrassant traçait rapidement avec le pouce une croix sur son front. Depuis l'attentat d'Orsini, pas une fois elle n'a vu sortir son fils ou l'Empereur sans se demander si elle les reverrait. Lorsque le Prince Impérial était sorti et que l'Empereur était redescendu chez lui, l'Impératrice écrivait à sa mère, sans jamais y manquer; une lettre de l'Impératrice partait chaque jour par l'ambassade d'Espagne pour la comtesse de Montijo, puis Sa Majesté travaillait avec monsieur Damas-Hinard, son secrétaire des commandements.

Monsieur Damas-Hinard, monsieur de Saint-Albin, bibliothécaire de l'Impératrice, et la comtesse de Wagner, lectrice de l'Impératrice, arrivaient aux Tuileries vers une heure. Monsieur Damas-Hinard était un petit vieillard mince et souriant, avec quelques rares cheveux blancs, toujours correctement vêtu de l'habit noir et de la cravate blanche, comme un notaire les jours de cérémonie. Il portait sous son bras un volumineux portefeuille tout bourré de dossiers. Il avait la parole onctueuse, une extrême politesse envers les dames et n'approchait l'Impératrice que plié en deux. Il remplissait ses fonctions d'une façon correcte et réservée, se bornant à annoter toutes les demandes, toutes les pétitions qui étaient adressées à l'Impératrice et à les lui présenter. Il y en avait chaque jour un nombre considérable.

L'Impératrice prenait elle-même connaissance de tout et ne décidait ce qu'elle voulait faire qu'après s'être fait renseigner minutieusement. Monsieur Damas-Hinard recevait ses ordres et lui rendait compte ensuite de la façon dont ils avaient été exécutés, sans jamais se permettre aucune observation personnelle. L'Impératrice était très accessible ; quand les demandes qui lui étaient faites étaient raisonnables et justifiées, elle s'empressait d'y faire donner satisfaction. Il lui en arrivait un grand nombre de bizarres et de ridicules même.

Dans un de ses voyages officiels, un jour entre autres, l'Impératrice reçut en présent une cage avec deux tourterelles, des mains d'une jeune fille qui les lui offrit avec une naïveté assez touchante pour que l'Impératrice s'embarrassât de ce singulier présent.

Six mois après elle recevait une lettre dans laquelle on lui demandait un emploi auprès d'elle. On ajoutait :

— C'est moi, Madame, qui vous ai offert à tel

endroit deux tourterelles que vous avez emportées; puisque vous aimez les oiseaux, vous pourriez me prendre comme gardienne de vos tourterelles! J'en aurai grand soin.

Aussi, l'Impératrice redoutait-elle par-dessus tout la pétition sous forme de cadeau, et les faisait-elle renvoyer impitoyablement.

On ne saurait croire la quantité d'objets de toute sorte qui lui étaient adressés, soit comme souvenirs de famille, soit comme reliques historiques ou autres. On aurait rempli des garde-meubles de vieilleries sans intérêt et sans aucune valeur si on les avait conservés.

Les recommandations avaient peu de poids auprès de l'Impératrice si elles n'étaient pas appuyées par des titres réels. Aussi y avait-il parfois de l'aigreur chez certaines personnes de l'entourage, jalouses de se créer une influence et qui cherchaient à accaparer les faveurs souveraines pour tels ou tels de leurs clients, au détriment de ceux qui pouvaient avoir des droits réels. Bien des animosités prennent leur source dans de petites ambitions déçues.

Monsieur de Saint-Albin était un homme érudit,

un collectionneur de goût, très instruit ; c'était un excellent homme, mais d'une gaucherie singulière. Il était extraordinairement négligé dans sa tenue. Il avait toujours de vieux chapeaux et des cravates tordues en corde. On aurait dit qu'il portait d'anciens vêtements fripés du temps de Louis-Philippe. L'Impératrice l'avait connu avant son mariage, et il lui était fort attaché.

Malgré cet extérieur peu séduisant, il était très aimable et m'apportait presque journellement des bouquets de violettes, des bonbons ou quelque menu présent qu'il tirait, à mon grand désespoir, de cet affreux chapeau.

La comtesse de Wagner avait bien soixante-dix ans. Elle avait été fort jolie et le racontait volontiers, ayant recours à tous les artifices pour « réparer des ans l'irréparable outrage ». Elle était toujours mise à la dernière mode comme une jeune femme ; la toilette, était, je crois, sa dernière faiblesse ; avec cela elle était bonne et ne manquait pas d'esprit.

L'Impératrice s'extasiait souvent sur sa jeunesse persistante, et elle en était enchantée. Elle arriva un jour aux Tuileries apportant son portrait, qui paraissait être celui d'une femme de trente ans, à peine, mais lui ressemblait néanmoins. Comme l'Impératrice ne lui cachait pas son étonnement.

— J'ai voulu laisser un agréable souvenir à mes amis, dit-elle, et j'ai prévenu le photographe : mettez tout ce qu'il faudra mettre, ôtez tout ce qu'il faudra ôter. Je tiens à avoir un joli portrait.

Madame de Wagner aimait à nous faire supposer des entretiens intimes et prolongés avec l'Impératrice.

— Il faut absolument que j'aille faire part à l'Impératrice d'une affaire capitale, disait-elle ; et délibérément elle traversait l'enfilade des salons à petits pas pressés. Puis, arrivée à la porte du cabinet de l'Impératrice, sachant bien que Sa Majesté n'aimait pas à être dérangée à tout propos, quelques scrupules la prenaient. Elle s'arrêtait et se plaçait dans la fenêtre qui touchait au cabinet de l'Impératrice, se croyant bien dissimulée par la profondeur de l'embrasure. Mais l'ampleur de ses jupes qui débordaient la trahissait, et du salon où nous nous tenions on pouvait voir cette pauvre comtesse immobile et silencieuse, regardant du côté des jardins, pendant une demi-heure et plus. Puis, tout à coup, elle revenait d'un air riant et se dédommageait d'une si longue contrainte, en nous faisant la confidence de toutes les idées qu'elle avait cru échanger avec l'Impératrice.

Ces petites scènes assez fréquentes me divertissaient beaucoup, je dois l'avouer, bien que j'aie eu de l'affection pour madame de Wagner, qui était fort agréable et bienveillante. L'Impératrice surprenait aussi parfois son petit manège et s'en amusait. Madame de Wagner portait habituellement une perruque avec des bandeaux ondulés du plus beau brun. Un jour elle arriva aux Tuileries tout à fait transformée.

C'était au temps où mademoiselle Hortense Schneider faisait tourner la tête à tous les Parisiens en jouant la *Belle Hélène*. Madame de Wagner s'était affublée de la perruque à la grecque que portait la charmante actrice. Lorsqu'elle eut ôté son chapeau et que j'aperçus au sommet du crâne de cette bonne madame de Wagner, un bouquet de boucles folles d'un blond enfantin surmontant son visage empâté et ridé, je fus saisie d'un tel fou rire que, perdant toute contenance, je dus m'enfuir pour ne pas la choquer.

L'Impératrice sortait de son cabinet dans ce moment et me trouva en proie à un de ces accès de gaieté que rien ne peut contenir. L'Impératrice se prenant à rire elle-même, voulut en connaître la cause, mais j'étais hors d'état de m'expliquer et je ne pus que désigner le salon de service où se trouvait madame de Wagner. L'Impératrice l'aperçut alors, debout devant une glace, où elle rajustait en minaudant cette coiffure folâtre. Pour cette fois, l'Impératrice se fâcha tout de bon.

— Allez dire à madame de Wagner de ma part, me dit-elle très sérieusement, que je la prie d'ôter immédiatement cette perruque.

Je repris un peu de sang-froid et priai l'Impératrice de me dispenser d'un tel message. Du reste j'étais hors d'état de le remplir et de garder le sérieux convenable.

— Allez, allez, je le veux, me dit l'Impératrice, et que jamais je ne revoie rien de semblable. Une chose pareille couvrirait ma maison de ridicule si on la voyait.

Et l'Impératrice rentra dans son cabinet véritablement courroucée.

Fort heureusement monsieur de Piennes, le chambellan de service, vint à mon aide. Le marquis de Piennes est un des hommes les plus aimables que j'aie connus. Il avait beaucoup de mérite et d'esprit, avec une humeur un peu bourrue qu'il affectait, mais qui n'ôtait rien à ses grandes qualités. Il fit entendre raison à madame de Wagner, qui n'en revenait pas, ayant compté sur un véritable succès. Il remit le chapeau sur les boucles folles et la fit partir doucement en lui faisant jurer de rendre la perruque. Le lendemain, la bonne comtesse reparut avec ses cheveux bruns d'ordonnance.

Elle avait une grande correspondance et employait presque tout le temps qu'elle passait aux Tuileries à écrire à ses amis.

Un jour qu'elle était absorbée dans son courrier, l'Impératrice s'approcha doucement et lut par-dessus son épaule sans qu'elle pût s'en apercevoir. « Il y a une grande mortalité parmi les
« sénateurs cette année, écrivait-elle ; que ne
« puis-je en remplacer un. »

— Allez le demander à l'Empereur, lui dit l'Impératrice.

Elle y alla très sérieusement, ce qui amusa beaucoup l'Empereur. Ses fonctions étaient un peu une sinécure. Elle écrivait quelques lettres et se tenait à la disposition de l'Impératrice en attendant les Dames du Palais, qui venaient généralement vers deux heures. La pauvre femme, fort heureusement pour elle, mourut avant la guerre. Mme Lebreton, la sœur du général Bourbaki, qui est encore aujourd'hui auprès de l'Impératrice, la remplaça.

Avant mon arrivée auprès de l'Impératrice, aucune femme, excepté Mme Pollet et le service, n'habitait les Tuileries, du moins la partie comprise entre le pavillon de l'Horloge et le pavillon de Flore, qui formait l'habitation personnelle des souverains.

Les appartements de l'Empereur donnaient sur le jardin, tandis que ceux du Prince Impérial prenaient vue sur la place du Carrousel. Ceux de l'Impératrice étaient au premier étage sur le jardin, au-dessus des appartements de l'Empereur. Ils longeaient les appartements de réception, depuis le pavillon de l'Horloge jusqu'à la galerie de Diane, en allant vers la Seine. On en avait aménagé une partie au moment du mariage de l'Impératrice. En 1858, Sa Majesté les fit compléter.

Un large escalier à trois paliers, à rampe de fer forgé, prenait naissance dans le vestibule sur lequel s'ouvraient les appartements de l'Empereur, et qui était situé sous la voûte à gauche du pavillon de l'Horloge. Cet escalier était éclairé au rez-de-chaussée par deux hautes fenêtres qui se répétaient au premier étage. Les marches de marbre blanc étaient recouvertes d'un tapis turc rouge et bleu. Il était décoré d'anciennes tapisseries représentant l'histoire de la métamorphose de la nymphe Daphné au moment où elle est changée en laurier. On voyait de longs rameaux s'élancer du bout de ses doigts et son corps se confondre dans l'écorce. Dans la première révolution un peu arrondie du bas de l'escalier, on avait placé un marbre remarquable, représentant un bœuf de la campagne de Rome demi-nature.

Les fenêtres étaient garnies de stores peints de fleurs que l'on abaissait contre le soleil. A droite, en haut de l'escalier une porte double, à deux battants, s'ouvrait directement sur la salle des maréchaux.

A gauche étaient les appartements particuliers de l'Impératrice, qui se composaient de dix pièces en enfilade donnant sur le jardin. Ils n'avaient d'autre dégagement, à part le service des chambres, que les grands appartements donnant sur la cour du Carrousel.

On entrait dans une salle d'attente à une fenêtre, qui était le salon des huissiers. C'est là que se tenait monsieur Bignet, le chef des huissiers de l'Impératrice, un excellent homme, qui s'acquittait avec un zèle muet et respectueux de ses délicates fonctions. Il dirigeait le service intérieur et recevait directement les ordres de Sa Majesté. Nous l'appelions familièrement la treizième dame du Palais.

En effet, il arrivait parfois que, lorsque les dames étaient absentes, Bignet prenait sur lui de prévenir l'Impératrice de tel ou tel incident dont il était nécessaire qu'elle fût promptement avertie. Il nous rappelait les audiences et le nom des personnes attendues, ayant entre les mains le registre sur lequel on les inscrivait. Il était d'une ponctualité admirable et, bien qu'il fût d'une discrétion à toute épreuve, par son esprit méthodique, il nous fournissait toutes sortes de petits renseignements inconscients. Il arrivait que nous apprenions par lui des déplacements ou des projets encore ignorés, dans la façon dont certaines choses étaient disposées.

Ainsi, chaque fois que l'Impératrice allait en voyage, on emportait une boîte à thé en vermeil, qui provenait d'un service de l'Empereur Napoléon Ier et deux petits hiboux en argent pour poudrer de sel les toasts. Lorsque ces petits objets n'étaient pas placés sur la table à thé que l'on apportait tous les soirs au salon, c'était l'indice certain de quelque projet de voyage. Bignet les avait emballés pour suivre Sa Majesté. Il arrivait aussi parfois que la boîte à thé et les hiboux reparaissaient; nous comprenions alors que les projets étaient changés. C'était généralement lui que l'Impératrice chargeait de prévenir l'Empereur lorsqu'elle était prête à sortir, ou bien lorsqu'elle l'attendait pour passer dans les salons; enfin de toutes les petites communications qui demandaient un intermédiaire subalterne, soit auprès de l'Empereur, du Prince Impérial ou de toute autre personne du château.

Il connaissait tous les objets appartenant à l'Impératrice et savait où tout se trouvait mieux que personne.

Bignet a suivi l'Impératrice en exil; sa fille était parmi les femmes de chambre de Sa Majesté. Le pauvre homme quitta les Tuileries un des derniers le Quatre Septembre. Il est mort en Angleterre sans pouvoir se consoler de la chute de l'Empire.

Les huissiers de l'Impératrice, qui étaient au nombre de trois, se relevaient de jour en jour. Ils portaient l'habit marron à la française rehaussé de quelques broderies d'argent, les culottes, les bas de soie noir, avec des souliers à boucles, et la chaîne d'argent, insigne de leur fonction.

Outre l'huissier de service, deux valets de pied se tenaient toujours dans le salon d'attente.

La pièce qui suivait était le salon des dames. Il était peint à fresque en camaïeu, sur fond vert d'eau, rehaussé de fines arabesques de différents verts; la peinture du plafond représentait une énorme corbeille de fleurs. Les dessus de porte étaient des fleurs et des oiseaux. L'ameublement, la cheminée, les bronzes, fort élégants, étaient du plus pur style Louis XVI. Le meuble en bois doré était recouvert de fort belles tapisseries des Gobelins. où se détachaient des bouquets de grosses fleurs sur un fond blanc, entouré d'un second fond marron avec des dessins couleur or. C'est là que les dames s'établissaient quand venait la semaine de service, chacune apportant son ouvrage, son courrier, ses livres, que l'on rangeait dans un bahut de marqueterie placé entre les deux fenêtres.

Le salon qui suivait était semblable à celui-ci avec une décoration rose, mêlée d'une profusion de fleurs. Le plafond peint par Chaplin, remarquablement joli, représentait le triomphe de Flore. C'est là qu'attendaient les personnes venues pour une audience. Le meuble était également en tapisserie; des fleurs sur fond blanc, avec bordures roses.

Le troisième salon était bleu, et l'Impératrice s'était plu à y réunir en dessus de portes, les portraits de plusieurs femmes parmi les plus jolies de son entourage. Chacune personnifiait par son costume une des grandes puissances de l'Europe.

La jeune Princesse Anna Murat, presque une enfant encore, malgré l'épanouissement d'une précoce beauté, prêtait la finesse de ses traits et sa fraîcheur de blonde éblouissante à l'interprétation des filles de l'Angleterre. La Duchesse de Malakoff, le type le plus pur de la beauté andalouse, portait la traditionnelle mantille, la fleur de pourpre des femmes de Grenade. La Duchesse de Morny, cette jeune et aristocratique étrangère, enlevée à la cour de Russie, par notre ambassadeur qui représenta si brillamment la France au couronnement du czar Alexandre II, montrait son fin visage, son teint de neige, sa chevelure, qui semblait poudrée d'argent, sous le kakochnick national. La belle Comtesse Walewska en Florentine.

La Duchesse de Cadore, suave et délicate, avec la calotte orientale de Haydée. La Duchesse de Persigny enfin, blonde comme une déesse, formaient un assemblage de beautés dignes d'entourer la souveraine, dont le profil incomparable se détachait au milieu de la voûte dans un médaillon soutenu par des figures allégoriques.

Naguère encore, à travers les larges fenêtres béantes et vides des Tuileries incendiées, on entrevoyait quelques vestiges de peinture que le feu et les outrages du temps semblaient avoir respectés. On distinguait vaguement dans ce qui fut les appartements de l'Impératrice, au-dessous des corniches écroulées, quelques traces de ces fins profils féminins. Ombres légères, elles semblaient retenir encore parmi les ruines désolées les traditions de grâce, d'élégance, de beauté qui, durant de si longues années, se sont élancées de la cour de France sur le monde entier charmé et conquis.

C'est dans le salon bleu que l'Impératrice donnait les audiences.

Les fenêtres profondes et hautes de chacun de ces salons, étaient garnies de lambrequins en tapisserie assortis au mobilier et de grands rideaux de satin blanc se drapaient en dessous. Afin d'adoucir la lumière et de ménager la vue sur le jardin, de petits stores en gaze bleu foncé étaient appliqués aux vitres.

Chacun des objets qui se trouvaient là était

d'un choix exquis. Il y avait des pendules, des vases, des torchères, des lustres, des meubles en marqueterie décorés de bronzes merveilleux. Les soirs de petits bals ou bals privés que l'Impératrice donnait chaque année au printemps, elle se tenait dans ces salons qui s'ouvraient sur les grands appartements, et au milieu de la profusion des lumières et des fleurs, c'était un ensemble de décoration digne d'un palais de fée.

CHAPITRE VI

Le cabinet de travail de l'Impératrice. — Les Papiers des Tuileries. — Souvenirs intimes. — Portraits et tableaux. — Le comte et la comtesse de Montijo. — La Reine de Hollande. — Le Prince d'Orange. — Travaux du Prince Impérial. — Cabinet de toilette de l'Impératrice. — Un ascenseur. — La naissance du Prince Impérial. — L'Oratoire de l'Impératrice. — La dernière messe aux Tuileries. — Ombres de souveraines. — La chambre à coucher de l'Impératrice. — La rose d'or du Pape. — Souvenirs d'un officier d'Ordonnance. Les atours de l'Impératrice. — Toilettes politiques. — Les souliers de l'Impératrice. — Orphelinat Eugène-Napoléon. — Sort des enfants après la commune. — Madame Pollet. — Les bijoux de l'Impératrice. — M. Thélin. — Évasion de l'Empereur du fort de Ham.

Après le salon bleu se trouvait le cabinet de l'Impératrice, son *home* en quelque sorte, où elle avait réuni tous ses souvenirs, où elle a passé bien des jours solitaires. A l'exception de quelques rares personnes amies, nul n'y pénétrait.

C'est là qu'elle travaillait, qu'elle lisait, qu'elle

rangeait ses papiers, les fameux papiers des Tuileries, dont on n'a retrouvé qu'une faible partie. L'Impératrice, au moment de l'invasion, dès que le siège de Paris fut décidé, avait eu soin de les envoyer à bord de l'escadre, en même temps que les chefs-d'œuvre du Louvre, que sa prévoyance aurait conservés à la France, si les desseins de la Commune, qui voulait incendier tous nos palais, s'étaient réalisés. Après le Quatre Septembre les papiers ont été renvoyés à l'Impératrice en Angleterre. Tous ceux qui avaient quelque importance étaient donc en sûreté depuis longtemps, lorsque le gouvernement de la Défense nationale crut les faire saisir pour les publier.

Le rangement de ces papiers était une des principales occupations de l'Impératrice. Il y en avait une si grande quantité que c'était un travail incessant pour les classer et les mettre en ordre.

L'Impératrice possède là des documents bien curieux. Ils contiennent, en quelque sorte, l'histoire vivante de notre temps. Lettres de souverains, de diplomates, d'hommes d'État, de généraux, de littérateurs, de savants. Plus d'un de ceux qui brillent aujourd'hui par leur indépendance envers l'Empire, se trouveraient fort gênés si on remettait sous leurs yeux certains écrits remplis d'une éloquente gratitude pour des services rendus, des faveurs accordées, des bienfaits qui ont pu s'effacer de leur mémoire, mais dont quelques caractères tracés sur une feuille légère, suffisent à consacrer le souvenir.

L'Impératrice, avec son intuition féminine, devinait le prix que ces documents pourraient avoir un jour; et tandis que l'Empereur, indifférent aux petites choses, les jetait négligemment de côté, l'Impératrice recueillait tout ce qu'elle pouvait de ces épaves. C'est aujourd'hui un monument où, comme dans la tour de Babel, on parle toutes les langues, et où on retrouve la confusion de toutes les faiblesses humaines.

L'Empereur se moquait doucement de ce qu'il nommait la manie de l'Impératrice de collectionner tous ces papiers. L'Impératrice elle-même en plaisantait.

— Je suis comme une souris auprès de l'Empereur, disait-elle, pour ramasser toutes ses miettes.

Après la guerre, pendant la Commune, au moment où la violence des passions déchaînées se soulevait contre l'Empire, au moment où les plus injustes, les plus calomnieuses accusations s'élevaient contre l'Empereur, il eût été facile de confondre quelques-uns des plus violents parmi ses détracteurs, en entr'ouvrant seulement ces liasses de lettres ; car il est des noms dont ce sera la honte, d'avoir osé se joindre aux adversaires de l'Empire, pour porter contre l'Empereur des accusations odieuses. L'Empereur n'y songea pas. C'était le dédain d'une grande âme pour tout ce qui est lâche et petit. Sa mémoire en est ennoblie.

Le cabinet de l'Impératrice avait un caractère tout différent des salons qui le précédaient. C'est là qu'on devinait la vie intime de la souveraine, c'est là que se révélaient ses habitudes, ses occupations et ses goûts.

Personne mieux que l'Impératrice n'avait l'entente des installations intérieures, et comme toutes les personnes qui se plaisent chez elles, elle aimait à s'entourer de toute sorte d'objets familiers. L'Impératrice avait donc réuni, dans son cabinet, tous ses souvenirs, tout ce qui lui plaisait à regarder, tout ce qui lui était commode. Elle seule avait tout choisi, tout commandé, donnant ses idées, ses dessins, combinant les nuances, plaçant les meubles avec le goût le plus sûr, la meilleure entente du confortable.

Des tentures en gourgouran, étoffe de soie mate à larges rayures satinées d'un vert très doux, donnaient à cette pièce un air intime et habité et faisaient admirablement valoir les tableaux qui l'ornaient. Les meubles en étoffe capitonnée et les rideaux en satin de nuance pourpre, relevaient avec beaucoup d'harmonie, le ton un peu sombre de la tenture. Les boiseries des portes et des fenêtres, en bois naturel couleur acajou, avaient de belles ferrures de cuivre doré.

La cheminée de marbre rouge rehaussé de bronzes très finement ciselés, supportait une statue de femme en marbre blanc, nommée l'*Étoile*, une œuvre exquise et très remarquée à une exposition. Un corps jeune et souple, de formes charmantes, la tête mollement penchée sur les bras relevés, une étoile au front, elle semblait s'élancer dans les airs, tandis qu'un amour, gracieusement roulé à ses pieds, soulevait une torche ardente. Cette statue sauvée de l'incendie des Tuileries, appartient aujourd'hui à la famille de madame de Sancy, dame du palais de l'Impératrice, une des personnes que Sa Majesté affectionnait le plus. Elle lui avait été donnée comme souvenir intime au moment du départ de l'Impératrice pour le Zululand en 1880, comme un de ces objets qui vous ont plu et qu'on aime à laisser à des mains amies.

Dans deux grands vases en bronze chinois aux tons d'or sombre, fouillés d'animaux et d'arabesques bizarres, s'épanouissaient de larges feuillages qui formaient comme un dôme au-dessus de la statue.

Un large canapé faisant face à la cheminée s'adossait à un bureau Louis XVI, en acajou rehaussé de bronzes dorés. Deux tables parallèles, recouvertes de tapis, en reps vert avec une bordure en tapisserie brodée par l'Impératrice, encadraient le canapé et le bureau, formant ainsi un groupe qui occupait tout le milieu de la pièce. Une longue horloge à gaine, en acajou et bronzes dorés, chef-d'œuvre du xviiie siècle, remplaçait la pendule absente, et entre les deux fenêtres on voyait une vitrine remplie d'objets de curiosité d'un grand prix et de souvenirs intimes.

L'Impératrice conservait là le chapeau que l'Empereur portait lors de l'attentat d'Orsini, les hochets du Prince Impérial, ses premiers jouets; des objets venant de la duchesse d'Albe dont une partie était dissimulée dans la partie pleine du bas.

Dans les angles, deux statues de femme en bronze clair, montées sur des fûts de colonne, supportaient des candélabres et servaient de torchères.

Un grand portrait en pied de l'Empereur, vêtu de noir, en costume de Cour, peint par Cabanel, de beaucoup le plus ressemblant de tous les portraits de l'Empereur, chef-d'œuvre de vie et de vérité, occupait le milieu du panneau du fond. A gauche de la cheminée, un beau portrait de la Duchesse d'Albe. Enveloppée de gaze légère, elle apparaissait comme une évocation souriante de la jeunesse envolée, et bien souvent, devant cette suave figure, les yeux de l'Impératrice se mouillaient de larmes.

Entre les fenêtres, un portrait de la jeune princesse Anna Murat, peint par Winterhalter. Une large baie drapée d'une étoffe de soie orientale violette et or, séparait le bureau de l'Impératrice, d'une autre pièce plus petite qui n'avait qu'une fenêtre. De chaque côté de cette baie deux bibliothèques contenaient des ouvrages rares et précieux, des manuscrits anciens. Au-dessus d'une de ces bibliothèques, un tableau d'Hébert, représentant des femmes italiennes puisant de l'eau à une fontaine souterraine.

L'Impératrice avait réservé l'autre panneau, celui de droite, près des fenêtres, pour un tableau qu'elle avait demandé à Cabanel. Le tableau se fit un peu attendre, et un jour de réception que Cabanel était venu aux Tuileries, l'Impératrice l'emmena dans son cabinet afin de lui montrer le panneau où pendait tristement le cordon de soie, destiné à soutenir son œuvre.

— Cette place vide me désole, lui dit l'Impératrice, et je ne me décide pas à rien y mettre en attendant ce que vous m'avez promis. Faites-moi donc vite mon tableau, sinon la corde servira pour vous pendre.

Peu de temps après, l'artiste envoyait une Ruth, charmante dans son costume biblique, avec la longue tunique bleue que portent encore les femmes fellahs, et le voile noir des veuves, entourant légèrement son jeune et poétique visage. L'Impératrice en fut ravie. C'était après mon mariage ; elle m'engagea à demander à Cabanel de faire mon portrait, désireuse de voir comment il le réussirait, afin de le prier de faire le sien, le dernier, disait-elle, qu'elle voulait laisser d'elle.

Cabanel fit mon portrait, mais il ne fit pas celui de l'Impératrice : les événements sont venus, et ce projet a été abandonné. Cabanel aurait fait assurément une œuvre digne du modèle et du maître, et nous eût laissé de l'Impératrice un souvenir complet, car aucun des portraits qui restent de l'Impératrice, ne la rappellent d'une façon entièrement satisfaisante.

Le grand portrait officiel de l'Impératrice, celui qui la représente avec le manteau de cour et un diadème de pierreries, au milieu des attributs de la royauté et que l'on voyait dans tous les palais, dans toutes les demeures officielles, a une sorte de raideur qui gâte la ressemblance. Ce sont bien les traits charmants, la noblesse de la taille et du buste, la claire coloration du teint. Mais l'Impératrice était surtout très vivante, et la froideur inanimée, un peu sèche qu'on trouve dans ce portrait, ne rappelle absolument rien de la personnalité qu'il représente. Il était peint par Winterhalter.

De cent façons on a cherché à reproduire la beauté de l'Impératrice : les peintres, les statuaires, les graveurs s'y sont essayés; bien peu ont réussi. Il y avait chez l'Impératrice quelque chose d'insaisissable, une physionomie animée une mobilité fugitive dans l'expression, qui défiait toute interprétation.

Un portrait, peint également par Winterhalter, et qui représente l'Impératrice vue de profil, drapée d'un burnous blanc, avec des perles au cou et les cheveux négligemment bouclés en arrière, est de beaucoup le plus ressemblant, le seul qui le soit peut-être, mais ce n'est qu'une sorte d'étude.

La copie de ce portrait avait été exécutée par Winterhalter lui-même pour la comtesse de Montijo. Au moment de son départ pour le Zululand après la mort du Prince Impérial, l'Impératrice donna à M. Rouher un portrait qui la représente assise, vêtue de blanc, avec des iris lilas dans les cheveux. Ce portrait a été reproduit maintes fois.

Un autre portrait, qui portait les armes impériales, où l'on voit l'Impératrice vêtue de noir avec le diadème, et un long voile blanc enroulé autour de la tête, avait été fait pour la duchesse d'Albe. C'est un des meilleurs. Il est actuellement au palais d'Albe, à Madrid.

Un autre encore, sauvé de l'incendie de Saint-Cloud, que j'avais toujours vivement désiré et que l'Impératrice daigna me donner à Camden-Place en 1880, au moment de son départ pour le Zululand. C'est une toute petite toile, peinte par Boulanger en 1860. Il représente l'Impératrice assise, en costume de femme fellah, coiffée à l'égyptienne d'un ibis rouge. Il rend mieux que tous les portraits officiels l'ensemble des traits et la physionomie si particulière de l'Impératrice : son grand regard bleu mystérieux et voilé. La plupart des portraits, bustes ou tableaux ont une physionomie composée qui dénature entièrement la ressemblance. Pourtant le buste que le comte de Niewerkerke, l'aimable surintendant des Beaux-Arts, fit au moment du mariage de l'Impératrice, est fin, gracieux et ressemblant, bien qu'encore un peu inanimé.

L'Impératrice se tenait habituellement sur un fauteuil bas placé à contre-jour, près de la cheminée, du côté de la porte d'entrée de son cabinet, les pieds sur une petite chaise inclinée. Un paravent bas en soie verte l'abritait. Elle avait à sa gauche, dans le coin de la cheminée, une petite table en bois noir à étagère, généralement couverte de papiers avec son buvard et son encrier, l'encrier classique des bureaux, en porcelaine à godet, entouré d'une éponge humide, avec les anciennes plumes d'oie, dont bien peu de personnes se servent aujourd'hui. L'Impératrice écrivait toujours sur ses genoux, très vite et d'une écriture large et nette, avec toutes les lettres bien formées.

A sa droite se trouvait une petite table bibliothèque ronde, à casier avec les livres familiers.

Une grande table était placée près de la seconde fenêtre, enveloppée d'un paravent de bambous dorés, couverts de lierre, dont le pied se perdait dans une jardinière pleine de fleurs. Le paravent, formant cloison, isolait cette table chargée d'albums, de papier à dessin, de boîtes de couleurs. L'Impératrice dessinait avec facilité et faisait de l'aquarelle; cela lui servait surtout, lorsqu'on exécutait les travaux de construction ou d'ameublement, dont elle aimait à s'occuper.

La seconde pièce qui semblait encore faire partie du cabinet avait la même décoration, avec une cheminée placée vis-à-vis de la fenêtre. Elle contenait d'autres bibliothèques remplies d'ouvrages classiques, choisis parmi les chefs-d'œuvres de la littérature française, anglaise, espagnole, italienne. L'Impératrice parlait ces différentes langues avec facilité.

Au-dessus des bibliothèques étaient rangées des statuettes, des bustes, des vases, et une collection de tableaux de petite dimension, dont chacun était un pur chef-d'œuvre. Il y avait, entre autres, des Wouwermans qui n'avaient pas de prix et auxquels l'Impératrice tenait beaucoup. Une petite statue de marbre blanc, délicieusement drapée, s'élevait au milieu d'une jardinière ronde placée devant la fenêtre. Sur les tables étaient dispersés des portraits, des photographies de l'Empereur, du Prince Impérial à différents âges, de diverses personnes que l'Impératrice affectionnait. Une miniature du comte de Montijo offrait, bien qu'elle fût déparée par un bandeau de taffetas noir qui traversait le visage, suite d'une blessure reçue au service de la France pendant les guerres du premier Empire, une ressemblance frappante avec le visage de l'Impératrice : c'étaient les mêmes traits nobles et fins, le même teint éclatant, les mêmes cheveux d'or.

On voyait également des portraits de la mère de l'Impératrice, une miniature de la Reine de Hollande, avec laquelle l'Impératrice entretenait une correspondance très suivie. La Reine Sophie, Princesse de Wurtemberg, était la cousine germaine du Prince Napoléon et de la Princesse Mathilde, par la Reine Catherine de Wurtemberg femme du roi Jérôme. C'était une personne d'un esprit éminent, très au courant de la politique européenne; les lettres que l'Impératrice conserve d'elle sont du plus grand intérêt. Elle parlait plusieurs langues et écrivait en français avec beaucoup d'élégance. La Reine, très aimable, très affectueuse, très expansive, vivait tout à fait à l'écart en Hollande. Elle écrivait souvent et longuement à l'Impératrice, dont elle aimait

beaucoup les réponses, qui lui apportaient toujours
des nouvelles de Paris, intéressantes pour une
personne un peu solitaire. Aussi, dès qu'elle avait
reçu une lettre de l'Impératrice, s'empressait-elle
d'y répondre pour la remercier. Cela désolait
l'Impératrice, qui se reprochait de ne pouvoir ali-
menter cette intéressante correspondance avec la
même ardeur.

La Reine de Hollande était, du reste, une personne de grand mérite. Elle gardait des traces
de beauté. Une belle taille, une physionomie
remarquablement aimable et de beaux cheveux
clairs, blonds dorés, qu'elle portait encore en
boucles à l'anglaise, lorsque depuis longtemps
la mode en était passée.

La Reine, que son époux le Roi de Hollande
réduisait à de très petits subsides, voyageait
sans aucun apparat, accompagnée le plus souvent d'une vieille dame d'honneur très simple
et très dévouée. Ces voyages pour aller visiter
des souverains ou des princes alliés, étaient ses
plus grands plaisirs. Elle venait aussi souvent
qu'elle le pouvait à Paris, où elle préférait passer
inaperçue, redoutant un peu les assujettissements

de l'étiquette. Je l'ai vue plusieurs fois, à quelques années d'intervalle, avec la même robe de soie cerise qui faisait ressortir l'éclat de sa carnation de blonde. Elle la renouvelait un peu en faisant remplacer la garniture de dentelles blanches par des dentelles noires.

La Reine Sophie remplissait noblement ses devoirs de souveraine. Ayant renoncé pour elle-même au luxe royal, elle consacrait à des œuvres de bienfaisance les modestes ressources que le Roi lui abandonnait. Elle était la mère du Prince d'Orange, qui lui ressemblait beaucoup avec ses cheveux blonds, ses traits réguliers, son teint du Nord. Il valait beaucoup plus que la réputation qu'il avait à Paris dans un certain milieu, où son nom avait été familièrement travesti par le duc de Gramont Caderousse, à la suite d'un de ces soupers de jeunes gens où le prince, malheureusement, se laissait trop facilement entraîner. Dans le monde joyeux on l'appelait le Prince Citron.

Cependant, il avait beaucoup de cœur, il était fort aimé dans son pays et il aurait pu devenir un prince distingué, si la rigueur ombrageuse du Roi de Hollande, qui ne pouvait supporter aucune sympathie autour de son fils, ne l'avait jeté, par ennui et par désœuvrement, dans des plaisirs faciles, où on laisse toujours de sa dignité et où il a perdu prématurément la vie.

La Reine, dans ses voyages à Paris, suppliait toujours l'Impératrice de chercher à retenir son fils loin des influences mauvaises. Elle reconnaissait que sa situation n'était pas possible à La Haye, avec le caractère du Roi, et elle déplorait de voir ce fils charmant gaspiller sa vie.

Elle a eu la douleur de lui survivre. Un second fils lui restait, le prince Alexandre, qui mourut à son tour; mais celui-ci était infirme et contrefait, et elle lui consacrait la plus grande partie de son temps avec beaucoup de tendresse.

Le prince d'Orange fut une des premières personnes qui allât présenter ses hommages à l'Empereur et à l'Impératrice dans l'exil de Chislehurst. Il le fit malgré la volonté formelle du Roi, dont il redoutait cependant beaucoup la violence, et qui craignait que cette démarche ne lui causât quelque difficulté avec la chancellerie prussienne.

Le nom du Prince d'Orange fut mêlé à une

aventure parisienne, dont il n'était cependant pas
le héros. Une fort jolie jeune femme, appartenant
au monde de la finance, fut surprise par son mari
dans un cabaret à la mode, en compagnie d'un
prince de sang royal, au milieu d'un souper fort
galant. Son partenaire, gêné de voir mêler son nom
à une affaire de ce genre qui amusa tout Paris —
la jeune femme aidée par les gens de la maison,
ayant eu l'adresse de s'échapper vêtue en mar-
miton — confia son embarras au Prince d'Orange,
que le hasard d'une nuit de plaisir avait amené
dans le même lieu. Il se nomma généreusement
à la place du coupable, ses légèretés ne devant
offenser personne puisqu'il n'était pas marié; et
il eut l'honneur de cette aventure sans en avoir
le profit.

En quelque sorte chassé de son pays, livré à
une vie oisive, il suivait la pente avec découra-
gement, sans intérêt pour réagir. Il était fort timide et on le reconnaissait à un petit tic guttural
qu'il avait lorsqu'il commençait à parler, mais
qu'il perdait lorsqu'il était à son aise. Il se montrait reconnaissant des avis qui lui étaient donnés
et convenait même qu'il était souvent lassé de ces

plaisirs bruyants. C'était au fond un homme aimable, sensible et bon, mélancolique même, jeté hors de sa voie et qui s'étourdissait.

En quittant le cabinet de travail de l'Impératrice, on traversait une antichambre sans fenêtre, où une lampe suspendue éclairait à toute heure. Le petit escalier qui descendait directement chez l'Empereur aboutissait à cette antichambre. C'est là qu'était l'armoire aux papiers.

Une boiserie à coulisse que l'on tirait, découvrait un grand nombre de casiers marqués de chiffres et de lettres, où se trouvaient rangées avec méthode des reliures plates, dans lesquelles on plaçait les papiers par lettre alphabétique.

Très peu de temps après mon arrivée auprès d'elle, l'Impératrice m'avait mise au courant de ce travail et presque chaque jour je passais plusieurs heures dans le cabinet de l'Impératrice, à classer, cataloguer, enregistrer cette immense correspondance qui existe depuis l'Empereur Napoléon Ier. Elle s'est encore augmentée après les événements de la guerre, de la Commune, de l'exil, de la mort de l'Empereur, de la mort tragique du Prince Impérial.

L'Impératrice a réuni tout ce que son fils a écrit. Sa correspondance avec des hommes politiques, avec des amis, dans laquelle il échangeait ses vues et ses espérances ; des travaux très intéressants sur l'histoire, des appréciations sur la politique, sur les affaires, où l'on peut juger l'ardent patriotisme, l'énergie, la finesse de jugement, les vues élevées, la bonté de ce jeune Prince si remarquablement doué, qui semblait fait pour régénérer, pour relever son pays.

Uniquement occupée de tout ce qui se rattache à la mémoire de ce fils adorable, l'Impératrice se décidera-t-elle à publier ses reliques? aura-t-elle le courage d'entr'ouvrir le sanctuaire d'une douleur maternelle que rien ne saurait apaiser, afin de livrer à l'appréciation du public tout ce que nous a laissé cette jeune âme si haute, si pure et déjà si mûrie? La souveraine, désireuse d'affirmer la valeur d'un prince de son sang, dont la destinée tragique pèsera peut-être d'un poids si grave sur l'avenir de la France, l'emportera-t-elle sur le sentiment touchant de la mère jalouse de ses larmes et qui ne songe qu'à pleurer son enfant? Que peut-on souhaiter? Tout désormais est si mêlé d'amertume dans la vie de l'Impératrice.

En traversant cette petite antichambre obscure on entrait dans une vaste pièce, éclairée par trois grandes fenêtres, donnant sur un balcon. C'était le cabinet de toilette de l'Impératrice. Il était entouré de hautes glaces qui se reflétaient les unes dans les autres. Des lavabos, une baignoire dissimulée sous les lavabos et qui n'était point en argent, comme celle de monsieur Gambetta au palais de la Présidence; une large toilette à coiffer tout en dentelle garnie de nœuds sur un transparent de soie bleue, où s'étalait un magnifique nécessaire en vermeil, souvenir de la reine Hortense; des tables, des sièges de toute forme, des porte-manteaux mobiles pour accrocher les toilettes, tout le luxe, tout le confortable d'une femme élégante et soignée s'y trouvait réuni. Une grande corbeille, capitonnée de satin blanc, que les dames de la halle avaient apportée pleine de fleurs à l'Impératrice le jour de son mariage et à laquelle elle tenait beaucoup, servait à déposer le linge et les différents objets de toilette.

J'avais entendu raconter que l'Impératrice, fort malade depuis la naissance du Prince Impérial, ne pouvait se soutenir, que grâce à un appareil d'acier, dissimulé sous ses vêtements, et que, pour lui éviter de se tenir debout pendant sa toilette, on avait imaginé de faire descendre ses robes du plafond, de façon qu'étant placée au-dessous, on lui passait à la fois la robe et tous les jupons que l'on portait alors pour soutenir l'ampleur des jupes, absolument comme dans un truc de féerie pour les changements à vue.

La première fois que j'eus l'occasion d'assister à la toilette de l'Impératrice, ce qui m'arrivait fréquemment, je vis descendre un petit ascenseur, sorte de monte-charge, dissimulé dans une rosace du plafond et qui communiquait avec les atours de l'Impératrice. On y plaçait les vêtements dont on avait besoin et cela évitait les allées et venues continuelles, dans le petit escalier qui était la continuation de l'escalier particulier de l'Empereur et si étroit, que les toilettes auraient été défraîchies et froissées s'il avait fallu les transporter par là. Je ne pus m'empêcher de sourire en voyant descendre cet ascenseur et je racontai à l'Impératrice la fable absurde que l'on m'avait faite. L'Impératrice en rit beaucoup. Elle me fit remarquer combien l'imagination du public était fertile en inventions lorsqu'il s'agissait de personnages haut placés; et comment un tout petit bout de vérité pouvait aider à propager des légendes ridicules et fausses de toutes pièces. Grâce à cet ascenseur et à un tuyau acoustique qui communiquait avec les atours, le service de la toilette de l'Impératrice se faisait promptement et sans embarras.

La santé de l'Impératrice avait été en effet très éprouvée lors de la naissance de son fils, qui faillit lui coûter la vie.

Au commencement de son mariage, l'Impératrice avait eu deux commencements de grossesse qui eurent des suites malheureuses. Peut-être ces deux accidents contribuèrent-ils à rendre les couches difficiles; peut-être aussi les médecins chargés de lui donner leurs soins, préoccupés de la responsabilité qui pesait sur eux, n'eurent-ils pas, pour l'Impératrice, tous les ménagements qu'on aurait eus pour une autre femme. Il en est ainsi de toutes les souveraines. La raison d'État s'applique à tous les événements de leur vie. L'espoir de voir naître un fils que l'Empereur désirait ardemment, a pu donner une témérité qu'on n'aurait pas eue auprès d'une femme ordinaire. Toujours est-il qu'on laissa souffrir l'Impératrice trois jours et trois nuits. Enfin on prévint l'Empereur de la nécessité d'avoir recours à une opération qu'on avait retardée jusque-là, dans la crainte de compromettre la vie de l'enfant.

— Ne songez qu'à l'Impératrice, avait répondu l'Empereur.

Comme les minutes étaient comptées on agit avec une extrême précipitation et l'Impératrice, pendant quelque temps, paya de sa santé la naissance du Prince Impérial. Mais elle s'était très bien remise et j'ai connu peu de femmes capables comme elle, de supporter des fatigues, des émotions de toute sorte sans en être altérée.

Une pièce à une seule fenêtre servait de communication entre le cabinet de toilette et la chambre à coucher. Elle était divisée en deux parties, par une cloison décorée de peintures sur fond d'or. C'était là que se trouvait dissimulé l'oratoire particulier de l'Impératrice. La cloison, habituellement close, s'ouvrait à deux battants pour le service divin. C'est là que l'Impératrice venait souvent entendre la messe ; c'est là qu'elle faisait ses dévotions, qu'elle accomplissait ses devoirs religieux, presque toujours seule dans ses prières. C'est là que, par les soins de l'abbé Deguerry, le Prince Impérial fut préparé à sa première communion. C'est là que pour la dernière fois, à sept heures du matin, le 4 septembre 1870, l'Impératrice Eugénie entendit la messe au palais des Tuileries. C'est de cette étroite chapelle, c'est du fond du cœur déchiré de cette souveraine exposée aux aveugles fureurs d'une populace excitée, de cette femme frappée dans son orgueil d'épouse, dans toutes ses espérances maternelles, que s'éleva la dernière prière qui devait arriver au Seigneur, du fond de ce palais de nos rois, témoin de tant de fêtes, de tant de grandeurs, de tant de deuils, de tant d'accablantes défaites ; c'est de son âme en détresse que s'est élancée l'invocation suprême.

Depuis Marie-Antoinette la fille de Marie-Thérèse, cette jeune archiduchesse qu'on nous envoyait comme un des plus beaux fleurons de la couronne impériale d'Autriche, l'heureuse Dauphine saluée à son arrivée en France par tout un peuple épris de sa jeune beauté et dont les malheurs commencent le jour où le bandeau des rois a touché son front, quelle suite d'infortunes tragiques a poursuivi toutes celles qui, belles, heureuses, aimées, ont franchi le seuil de ce fatal palais. La reine, abreuvée d'outrages, offensée dans tous ses sentiments de mère et d'épouse, quitte les Tuileries, pour le Temple, la Conciergerie, puis enfin l'échafaud.

L'Impératrice Joséphine, l'héroïne d'un des plus beaux romans d'amour et de gloire que le monde ait rêvés, épouse brusquement délaissée, s'éloigne de ce palais où elle a vu le monde à ses pieds, pour aller s'éteindre le cœur brisé par l'abandon, dans la solitude de la Malmaison.

Une autre archiduchesse nous revient. Marie-Louise traverse les Tuileries. Elle devient mère, puis une tourmente la rejette à l'exil pour y mourir avec son fils.

La princesse Caroline de Naples, Duchesse de Berry, cette nouvelle Dauphine frêle et gracieuse qui conduisit en Vendée une troupe de héros, voit en peu d'années son époux périr sous le couteau d'un assassin et son fils dépouillé.

La Princesse Hélène de Mecklembourg, Duchesse d'Orléans, veuve à trente ans d'un époux idolâtré qui périt misérablement « parce qu'un « postillon n'a pas sa guide en main, » comme dit Alfred de Musset dans un de ses cris poétiques, entraînée par une révolution nouvelle, élève dans l'exil ses deux jeunes enfants.

Les cheveux blancs de la Reine Marie-Amélie ne la préservent pas de l'implacable loi. Le front paré des vertus d'une souveraine et d'une mère admirable, plus qu'aucune autre elle semblait destinée à mourir sur le trône. Presque septuagénaire elle est chassée de son pays. Dans l'exil de Claremont elle devient le soutien d'un époux accablé, et sa tendresse enveloppe les dernières années du roi Louis-Philippe, de toutes les consolations que sait trouver une âme délicate et chrétienne.

L'Impératrice Eugénie, enfin! Chacun de ces noms évoque une époque sanglante où les destinées les plus diverses, viennent se confondre dans une commune infortune.

Les larmes tombées des yeux de toutes ces princesses furent-elles une expiation nécessaire; ou bien le mystérieux génie de Catherine de Médicis avait-il attaché aux pierres de ce palais une fatalité étrange?

Les Tuileries sont détruites, plus rien ne reste du chef-d'œuvre de Jean Bullant, de Philibert Delorme, agrandi, enrichi par chacun de nos rois. Les fantômes gracieux de quelques femmes en pleurs immortaliseront ce palais rempli des merveilles du génie humain et triompheront de la violence, de l'acharnement qu'il a fallu pour le détruire, au milieu d'un cataclysme digne des époques les plus barbares et dont le monde civilisé a frémi d'horreur.

La chambre à coucher de l'Impératrice avait un caractère différent du reste de ses appartements, dont le luxe et l'élégance intime portaient la trace de sa personnalité. C'était bien une chambre de souveraine; une chambre d'apparat, immense sous les lourdes moulures dorées du plafond, qui encadraient d'anciennes peintures allégoriques. Le lit drapé de riches étoffes, élevé sur une estrade, ressemblait plutôt à un trône disposé pour le défilé d'un peuple au jour de la naissance d'un fils de roi, qu'à l'asile fait pour le repos. On ne devait pas y dormir aussi doucement que sous les rideaux d'une simple couchette.

L'Impératrice ne séjournait guère dans sa chambre. On y voyait la rose d'or que le Souverain Pontife Pie IX avait envoyé à l'Impératrice au moment du baptême du Prince Impérial, dont il était le parrain, la reine de Suède étant marraine. Dans un vase d'or était placé un bouquet un peu allongé, semblable à ceux dont on décore les autels, composé de fleurs et de feuillages d'or finement ciselés. C'était le présent symbolique et béni auquel étaient attachées de nombreuses indulgences, que le Souverain Pontife avait coutume d'envoyer à tous ses filleuls en souvenir de leur baptême.

Chaque année, au jour des Rameaux, l'Impératrice recevait de Rome une palme bénie par le Saint-Père qu'on attachait à son chevet.

En 1868, l'Impératrice se trouvant un peu à l'étroit dans son cabinet de travail, dont l'installation lui plaisait mieux que le reste de ses appartements, avait reporté le cabinet de toilette au delà de sa chambre à coucher, et avait fait arranger l'ancien, en un ravissant salon beaucoup plus vaste que le cabinet de travail, orné dans le goût moderne, et rempli de merveilles artistiques.

Bien peu de personnes ont franchi le seuil de ce dernier asile, où l'Impératrice, de plus en plus retirée, et sentant déjà planer au-dessus d'elle les premières rumeurs de l'orage, s'était plu à créer une charmante retraite.

Dans ses *Souvenirs d'un officier d'ordonnance,* M. d'Hérisson parle des appartements de l'Impératrice, qu'il n'a fait que traverser rapidement et dont il ne semble pas avoir conservé un souvenir flatteur.

Le 4 septembre, ces appartements étaient, comme chaque été en l'absence de l'Impératrice, enveloppés de housses et de tentures en toile perse lilas, pour ménager la fraîcheur des étoffes. Les tableaux et objets d'art étaient voilés. Tous les objets intimes avaient été emportés.

Au moment de la déclaration de guerre on était à Saint-Cloud. C'est de Saint-Cloud que l'Empereur partit. L'Impératrice, à la nouvelle des premiers désastres, revint en hâte aux Tuileries et on ne songea guère à faire enlever les housses.

Monsieur d'Hérisson n'a donc vu qu'une sorte de garde-meuble aux tons froids et criards, ceux de l'ancienne toile perse délaissée aujourd'hui, mais que l'on avait choisie lustrée, afin de mieux garantir de la poussière.

Cela faisait, en effet, une singulière décoration pour un palais et explique sans doute l'impression de mauvais goût qui lui est restée. La seule explication du jugement qu'il porte est en réalité qu'il n'a rien pu voir.

Au-dessus des appartements de l'Impératrice existaient de petits entresols très bas, donnant sur le jardin et qui faisaient une assez singulière figure, avec leurs petites fenêtres carrées comme des meurtrières, par-dessus l'élégante colonnade du palais.

C'est là qu'était l'appartement assez complet de madame Pollet et le logement des femmes de service. C'est là qu'on avait placé les atours. Le petit escalier particulier descendant de chez l'Impératrice chez l'Empereur se terminait là et n'avait aucune autre communication avec le reste du palais.

Les atours et l'appartement de Madame Pollet se dégageaient d'un autre côté sur un escalier différent. De grandes armoires en chêne à coulisses, tenaient toute la hauteur de plusieurs chambres. On y serrait les toilettes, le linge, les chapeaux, tous les vêtements.

On a parlé souvent, avec une exagération passionnée, du goût de l'Impératrice pour le luxe et la toilette. Le luxe est l'apanage obligé des souverains. Le goût dans la toilette est le privilège des femmes belles et intelligentes.

L'élégance du vêtement est le premier élément de représentation pour les femmes; et si quelques-uns font reproche à une souveraine de la variété et du luxe dans son ajustement, le plus grand nombre se plaindrait d'une absence de parure qui ne répond pas aux goûts, aux besoins de notre époque.

En effet, du luxe des riches naît l'aisance des pauvres. C'est un axiome connu des lois économiques modernes. C'est le véritable impôt somptuaire. Au temps de saint Louis même, les princes ont encouragé le faste autour d'eux, afin de favoriser l'essor de l'industrie, et de fournir du travail à la grande classe populaire des ouvriers et des artisans. De là à se figurer que l'Impératrice ne remettait jamais deux fois la même robe, que tous les jours voyaient naître une fantaisie nouvelle et que tout son temps se dissipait en frivolités, il y a loin.

Chaque jour chez elle, aux Tuileries comme dans les autres résidences, l'Impératrice était simplement vêtue, avec beaucoup moins de recherche que ne le sont aujourd'hui la plupart des jeunes femmes dans leurs maisons. Presque toujours de la faille noire ou du drap peu façonné.

Pour sortir en voiture à Paris, l'Impératrice ajoutait un manteau très élégant, un chapeau seyant et très frais, et ceux qui la voyaient passer rapidement dans les beaux équipages de la cour, dans sa daumont menée à quatre chevaux par deux petits jockeys parfaitement corrects, précédée d'un piqueur à la livrée impériale, pouvaient croire qu'elle était très parée, tandis qu'elle préférait, comme toutes les femmes comme il faut, s'habiller d'une façon pratique et commode. C'est ainsi que je l'ai toujours vue.

Cependant, dans la première période de l'Empire la mode fut bien singulière. Les élégantes modernes qui enveloppent leur corps fluet d'un fourreau étroitement drapé, frémiraient d'horreur s'il leur fallait paraître avec cet étalage d'étoffes amplement soutenues par les cages aux souples ressorts d'acier, dont l'étendue permettrait à peine à trois femmes assises, de tenir dans le boudoir d'un petit hôtel. Tout cela s'étageait en draperies savamment disposées, bordées de franges, de ruches, de dentelles, de plissés, et s'achevait en longues traînes fort difficiles à gouverner au milieu de la foule des salons. C'était un mélange de tous les styles : on plaquait les draperies à la grecque sur l'ampleur des paniers Louis XVI, avec la basquine des amazones de la Fronde et les manches pendantes de la Renaissance. Il était peut-être plus difficile qu'aujourd'hui de paraître charmante, et il fallait dans le glissement de la démarche, dans les gestes, dans une certaine souplesse du buste, l'harmonie qui naît de la grâce des formes et de l'habitude de s'observer, sinon le charme s'évanouissait. On le comprend en revoyant les gravures qui datent de ce temps : quelques traits malicieusement accentués suffisent à en faire des caricatures grotesques. La distinction, cette grâce mondaine dont on ne parle plus, établissait une ligne de démarcation absolue, entre les différentes classes de la société.

Dès l'enfance, on habituait encore les jeunes filles bien nées, à une certaine élégance dans la démarche, à une certaine retenue dans les gestes, dans le ton, qui éloigne toute atteinte de vulgarité et crée ce que l'on appelle l'élégance de race, qui est simplement une gymnastique du bon goût. Je parle d'une époque déjà loin de la nôtre.

Il faut que l'adresse féminine soit à toute épreuve pour avoir pu tirer parti de si singuliers ornements. Marcher en transportant autour de soi cette ampleur qui vous enveloppait de toute part, n'était pas chose facile ; et le buste étroit, placé au centre de tout ce volume, semblait comme détaché du reste du corps. S'asseoir, en évitant l'envolement des ressorts rebelles, était un miracle de précision. Pour monter en voiture, sans froisser tant de légers tissus, à un moment où les toilettes du soir se faisaient surtout en tulle et en dentelle, il fallait beaucoup de temps, beaucoup de calme aux chevaux, beaucoup de patience aux pères et aux maris dont la complaisance était mise à l'épreuve, immobiles qu'ils devaient se tenir au milieu de ces nuages fragiles, où le moindre geste pouvait causer des désastres.

Quant à voyager, à s'étendre, à bercer ses enfants, même à leur donner la main pour les sortir avec soi, c'étaient des problèmes de tendresse et de bonne volonté à résoudre.

C'est à dater de cette période que l'usage, si démodé aujourd'hui, d'offrir le bras aux femmes dans les salons ou pour les accompagner dans la la rue, se perdit.

Les chapeaux étaient de hautes pyramides étagées de fleurs et de fruits, qui chargeaient et grossissaient démesurément la tête.

Worth délivra la grâce emprisonnée dans cette chose ridicule et gênante, que l'on nommait la crinoline. Toutes les femmes, même les villageoises, lui ont payé leur tribut. Elle tyrannisa toute une génération.

Nous devons au goût artistique du grand couturier, à son intuition de l'élégance esthétique, la résurrection de la grâce dans l'ajustement. D'autorité, il modifia le volume des jupes, il assouplit les étoffes, il dessina, vaguement d'abord, les contours du corps pour arriver à rendre sa personnalité à l'être féminin, et, lorsqu'en 1864, j'arrivai à la Cour, c'est tout juste si de légers cerceaux soutenaient encore les traînes rejetées en arrière, tandis que des jupes rondes et étroites permettaient, dans la journée, de sortir et d'agir, sans causer d'encombrement dans les rues et de catastrophes dans les appartements, ces terribles jupes, en forme de sonnettes, entraînant tout.

Madame Virot à son tour transforma les chapeaux. Elle dégagea la nuque en supprimant les bavolets, cette garniture d'étoffe raide et froncée, qui se chiffonnait et engonçait le cou et les épaules.

Les chapeaux étaient devenus de petites capotes à brides, sortes de fanchons aplaties, qui encadraient fort joliment le visage et laissaient apercevoir les cheveux.

Worth et madame Virot ont été souvent les collaborateurs de nos grands artistes, et, dans les beaux portraits, dans les beaux bustes de l'époque, on reconnaît leur goût mêlé à l'inspiration des maîtres. Ils auront, à coup sûr, contribué à charmer plusieurs générations.

Le soir de triomphants diadèmes ronds en fleurs, poétisaient les jeunes et fins visages. Les femmes mûres se couronnaient de pampres et de bijoux, sauf celles, qui, comme cette bonne comtesse de Wagner, l'excellente femme qui était la lectrice de l'Impératrice, conservaient une éternelle jeunesse du cœur. J'eus la joie, un soir de grand bal, de la voir apparaître vêtue d'une robe de tulle blanc rehaussée de larges nœuds rouges et coiffée, comme Ophélie, d'une couronne de roses blanches. Elle avait soixante-douze ans et rayonnait de plaisir. L'Impératrice était désolée et toute la soirée elle évita de la voir.

Deux fois par an l'Impératrice réformait la plupart de ses robes et les donnait à ses femmes. C'était pour elles un gros profit. Elles les vendaient généralement en Amérique, où, dans certaines parties de la société, il est d'usage paraît-il, de louer des toilettes, que les couturiers ajustent à votre taille pour un soir et qui subissent ainsi des transformations nombreuses.

Il y avait dans les atours des lingeries, des chambres de travail, car l'Impératrice faisait souvent exécuter d'après ses idées, par une couturière qui était à demeure aux Tuileries, des toilettes souvent les plus seyantes et les mieux réussies. A chaque changement de saison l'Impératrice recevait ses fournisseurs. On lui soumettait des étoffes, des modèles ; elle choisissait le nombre de toilettes dont elle pensait avoir besoin, les essayait et ne s'en occupait plus à moins d'une circonstance imprévue.

Tous les soirs l'Impératrice était décolletée pour le dîner, et l'hiver elle mettait de préférence, lorsqu'on était en petit comité, une longue robe de velours sombre ou de satin blanc uni, avec quelques bijoux, parmi lesquels se trouvait toujours le trèfle d'émeraudes et diamants, premier présent de l'Empereur. Elle aimait cette simplicité, qui du reste lui seyait mieux que tout.

Mais la raison d'État poursuit les souveraines jusque dans leur ajustement et l'Impératrice portait de grosses étoffes de Lyon, pour favoriser le commerce des soieries, des passementeries et des dentelles pour que la mode alimente ces différentes industries. C'est ce que l'Impératrice appelait ses toilettes politiques.

L'Impératrice avait le pied singulièrement petit; et les chaussures qu'elle ne portait plus ne pouvaient convenir qu'à des enfants. On les envoyait généralement à la maison Eugène-Napoléon, l'asile où l'Impératrice élevait à ses frais trois cents orphelines choisies parmi les enfants pauvres de Paris, où les petits souliers blancs de la souveraine servaient à la parure de ses petites protégées, le jour de leur première communion.

La ville de Paris avait offert à l'Impératrice, à l'occasion de son mariage, un collier d'une grande valeur. Par un sentiment de générosité, l'Impératrice avait refusé le collier en demandant à la ville d'en consacrer le prix à une œuvre utile à la population parisienne. C'est avec le prix de ce collier que l'Impératrice fonda l'asile Eugène-Napoléon. Mais dans une pensée délicate et afin de fixer le souvenir du présent qui lui avait été offert, elle avait désiré que l'architecte, chargé de la construction, donnât à l'édifice la forme même du collier. En effet, arrondi avec plusieurs pavillons, le plan rappelle ce que devait être le bijou lorsqu'il était placé autour du cou avec les chatons en pendants. L'Impératrice s'occupait elle-même de cette maison admirablement dirigée par des religieuses. Les enfants, qui vivaient là dans un grand bien-être, recevaient une certaine instruction et chacune suivant ses aptitudes apprenait un état manuel.

Les unes brodaient de la soie et de l'or; d'autres faisaient des fleurs artificielles, du dessin, de la typographie. Les moins douées apprenaient la couture, le repassage Toutes étaient initiées aux soins d'un modeste ménage. Puis à vingt et un ans, elles recevaient un trousseau complet, qui était leur ouvrage, et une petite dot qui leur permettait soit de se marier, soit de s'établir à leur gré.

L'Impératrice entretenait cette maison à ses frais; elle avait même contracté une assurance de deux millions et demi sur la vie, afin de laisser après elle les ressources nécessaires pour continuer cette belle œuvre. La supérieure, une femme intelligente et distinguée, venait fréquemment voir l'Impératrice et la tenait au courant de tout.

L'Impératrice allait souvent elle-même visiter son orphelinat; parfois comme grande récompense, quelques-unes des plus sages parmi ces jeunes filles, venaient aux Tuileries pour aider à certains travaux de couture.

Au moment des élections législatives de 1869, l'Impératrice, qui recevait la visite de la mère supérieure, s'informait en causant avec elle des dispositions de la population du faubourg Saint-Antoine, où l'asile était situé, et qui comptait un grand nombre d'enfants de ce quartier de Paris, et de la façon dont on semblait disposé à voter. La bonne religieuse n'avait aucune idée politique, n'ayant même jamais lu un journal. En quittant les Tuileries, fort en peine de ce que l'Impératrice lui avait demandé, elle réfléchissait à la façon dont elle pourrait s'éclairer. Elle avait vaguement compris qu'on pourrait bien nommer comme député un ennemi de l'Empereur. Afin de se renseigner elle se décida, quoique cela ne fût pas très conforme à la règle de l'ordre, à acheter un journal. A peine y eut-elle jeté les yeux qu'elle accourut de nouveau aux Tuileries, dans la plus grande agitation, insistant afin de voir l'Impératrice sans retard, pour une affaire urgente. La pauvre femme avait acheté le journal de monsieur Rochefort. Elle y avait lu un article des plus violents inspiré par les circonstances électorales et elle croyait avoir découvert un complot contre l'Empereur.

Au moment du siège de Paris, toutes ces enfants furent employées à coudre des sacs à terre destinés à armer les fortifications. Pendant la commune, les religieuses qui jusque-là étaient parvenues à conserver leurs enfants, virent arriver des délégués du gouvernement de la Défense nationale, leur ordonnant d'abandonner la maison. Elles furent chassées, et, malgré toutes leurs supplications, elles n'obtinrent d'emmener avec elles que leurs plus jeunes élèves, les communards ayant voulu conserver les autres parmi eux.

Aussitôt après la rentrée des troupes dans Paris, la mère supérieure courut à l'asile Eugène-Napoléon, afin de s'assurer de ce que les enfants avaient pu devenir. Des insurgés ivres-morts étaient couchés pêle-mêle dans toutes les pièces avec les malheureuses petites qu'ils avaient retenues et dont la plupart étaient atteintes d'horribles maladies. Les religieuses revinrent, recueillirent leurs pauvres orphelines, les soignèrent, les guérirent, les relevèrent ! Quelques-unes parmi ces infortunées devinrent mères étant presque elles-mêmes des enfants. Ce n'était cependant pas des filles de duchesses.

Peu de personnes ont suivi toute la vie de l'Impératrice. Parmi elles et dans un rang subalterne, madame Pollet était une physionomie assez particulière, surtout à cause de l'influence occulte qu'on lui attribuait.

Madame Pollet avait pour l'Impératrice un dévoûment aveugle. Ayant été toute jeune au service de Sa Majesté en Espagne, elle ne l'avait jamais quittée et s'était mariée, grâce aux bontés de l'Impératrice, à un officier d'infanterie M. Pollet, qui fit son chemin. Au moment de son mariage elle avait reçu le titre de trésorière de l'Impératrice. C'était une petite femme frêle et pâle, très faible de santé, qui vivait de régime et se croyait toujours mourante. C'était la seule personne espagnole qui fût auprès de l'Impératrice. Elle parlait un français si étrange, qu'il fallait y être accoutumé pour l'entendre.

Elle était fine et déliée sans être intelligente et, malgré sa fort modeste origine, elle n'était pas commune et savait ménager ses intérêts.

Elle était surtout, ce que son ancien attachement excusait, très ombrageuse, quant à ses prérogatives auprès de l'Impératrice, qui la reprenait souvent sur son caractère, car elle n'avait pas le don d'aplanir les petits conflits de service ou d'intérieur, que l'Impératrice détestait.

C'est la personne la plus craintive, l'esprit le plus faible que j'aie connu. Il suffisait de lui dire le soir dans une chambre très éclairée où se trouvaient plusieurs personnes : Le rideau remue, pour la voir pâlir et se troubler, et si l'Impératrice ajoutait : « Voyez donc Pepa ce qu'il peut y avoir derrière ce rideau », elle avait peine à s'y décider et ne s'y rendait qu'en donnant des signes de véritable frayeur qui faisaient beaucoup rire l'Impératrice. Elle avait une peur horrible des révolutions et ne rêvait que meurtre et pillage. Pourtant elle aurait, je crois, donné sa vie sans hésiter sur un mot de l'Impératrice, qui aimait à l'avoir auprès d'elle !

C'est elle qui tenait les comptes particuliers. Elle était en rapport avec tous les fournisseurs et elle avait la haute main sur le service des femmes. Elle les menait parfois assez rudement ; mais, sans cesse inquiète et agitée, elle était plus dure dans ses paroles et dans ses procédés, que dans le fond de son cœur. Du reste, la douceur de l'Impératrice, qui leur parlait toujours avec une extrême bonté et s'intéressait à elles, les dédommageait des irrégularités de caractère de madame Pollet.

Elle assistait tous les jours à la toilette de l'Impératrice, prenait ses ordres et elle avait la garde des bijoux personnels de Sa Majesté, car pour les bijoux de la Couronne, l'Impératrice ne les portait que les jours de cérémonie. Ils étaient déposés au trésor et c'était M. Bure, le trésorier de l'Empereur, qui allait lui-même prendre ceux que l'Impératrice avait désignés.

Les bijoux personnels de l'Impératrice composaient un écrin du plus grand prix. Il y avait, entre autres, des boucles d'oreilles magnifiques formées de très grosses poires en diamant, qui venaient de la Reine Marie-Antoinette. L'Empereur les avait acquises au moment de son mariage, ainsi qu'un collier de perles incomparables, des rivières en brillants, des diadèmes, des colliers. D'autres grosses perles fort belles que l'Impératrice portait habituellement le soir ainsi que nombre d'autres parures venaient de sa famille. Madame Pollet avait également la garde des dentelles, des fourrures, en un mot de tous les objets personnels de l'Impératrice. Tout cela était tenu avec beaucoup d'ordre ; tant d'ordre même, qu'il n'était pas toujours facile d'obtenir ce que l'on désirait.

Pendant que Cabanel peignait l'admirable portrait de l'Empereur si ressemblant, si parfaitement réel, de beaucoup le meilleur qui existe, il travaillait aux Tuileries dans un vaste atelier qui avait été disposé justement pour les artistes chargés de faire les portraits des souverains. L'Empereur posait en tenue du soir, avec l'habit noir traversé par le grand cordon de la Légion d'honneur, la culotte et les bas de soie noire. Cabanel désirait ajouter les attributs de la souveraineté dans l'arrangement de son tableau. L'Impératrice lui avait dit de s'adresser à madame Pollet pour tous les accessoires dont il aurait besoin. Un jour donc il lui écrivit afin de lui demander la main de justice, qui devait figurer avec le spectre et la couronne. Cette lettre l'agita beaucoup.

— Il me demande la main de justice! s'écriait-t-elle avec son accent intraduisible. Non, non, je ne donnerai pas la main de justice. Dites que je ne donne pas la main de justice.

Puis, s'apaisant un peu :

— Mais qu'est-ce que c'est que la main de justice? me demanda-t-elle.

Je lui expliquai que c'était un insigne décoratif. Elle m'avoua alors qu'elle avait pensé que c'était une haute fonction dans la magistrature et qu'elle ne voulait pas se charger de faire une telle demande à l'Impératrice.

On se figurait à tort que madame Pollet exerçait une grande influence sur l'Impératrice. On lui attribuait la légende des camerillas espagnoles. Et des personnes de la société, de hauts fonctionnaires venaient positivement lui faire leur cour.

Des femmes de ministres, de généraux, de diplomates l'accablaient d'attentions, de cadeaux. Elle les acceptait, de même qu'elle acceptait volontiers les présents des fournisseurs qui la comblaient. Mais son influence n'avait aucune portée, et uniquement occupée de complaire à l'Impératrice, qui la tenait toujours en sous-ordre, elle se gardait bien de l'entretenir d'aucune affaire.

Se voyant entourée et traitée d'une façon intime par certaines personnes haut placées, elle eut pendant bien longtemps le secret désir de se voir admise aux réceptions officielles. Mais l'Impératrice ne s'y prêta pas. Néanmoins monsieur Pollet, qui était un brave officier, ayant été nommé colonel vers 1869, on la vit à quelques grandes fêtes, comme femme d'un colonel.

Son mari mourut subitement au moment de la guerre, et elle suivit l'Impératrice en Angleterre. La pauvre femme pensait que chaque personne arrivant de France apportait la nouvelle d'une restauration. Le climat de l'Angleterre ne lui convenait pas. Elle revint à Paris pour se soigner. Elle y mourut fort isolée, et à l'exception de quelques serviteurs du château, personne de ceux qui l'avaient entourée aux Tuileries, ne songea à aller à son enterrement. Elle n'avait jamais eu d'enfants et laissa une jolie fortune, à une sœur et à une nièce qu'elle avait en Espagne.

Outre madame Pollet, l'Impératrice avait auprès d'elle deux demoiselles d'atour, tout spécialement chargées de son service intime, mesdemoiselles Esther et Maria Bayle; deux sœurs fort bien élevées, très dévouées, très comme il faut. Leur père, ancien geôlier de Ham, avait eu les plus grands soins pour l'Empereur pendant tout le temps de sa captivité. L'Empereur s'était intéressé à elles et les avait données à l'Impératrice au moment de son mariage.

L'une d'elles est morte après s'être assez tristement mariée, en laissant plusieurs enfants. L'aînée, mademoiselle Esther, qui était une personne d'un véritable mérite, s'est dévouée à l'éducation de ses neveux et elle a épousé après la guerre monsieur Thélin, qui avait été nommé trésorier de l'Empereur après la mort de monsieur Bure, le premier titulaire.

L'Impératrice elle-même avait arrangé ce mariage. Monsieur Thélin avait quelque fortune; il était âgé et d'une mauvaise santé. En lui faisant épouser mademoiselle Esther Baylo, qui elle-même n'était plus jeune et qui était une femme intelligente et d'un caractère éprouvé, l'Impératrice assurait une heureuse fin de vie, à un serviteur bien dévoué de l'Empereur.

Monsieur Thélin resta auprès de l'Empereur à Ham pendant sa captivité. C'est lui qui avait tout organisé pour la fuite de l'Empereur, s'exposant avec une entière abnégation, aux conséquences que cet événement pouvait avoir.

J'ai entendu de l'Empereur lui-même, qui le racontait volontiers, tous les détails de son évasion. Il était surveillé de très près, et monsieur Thélin était la seule personne de ceux qui l'entouraient, qui pouvait obtenir de temps en temps de sortir, pour se procurer les objets dont l'Empereur avait besoin au dehors. Ses sorties étaient sévèrement contrôlées; néanmoins il eut assez d'habileté et de prudence, pour tout combiner de façon à enlever l'Empereur.

On profita de quelques travaux de réparation qui se faisaient à la forteresse. Au jour dit, un des maçons que l'on avait gagné abandonna ses vêtements à monsieur Thélin, qui les porta à l'Empereur. Le changement d'habits se fit promptement et l'Empereur, plaçant sur son épaule une planche qui lui cachait une partie du visage, put sortir de la citadelle sans être remarqué.

— Je me sentais si bien transformé par ces habits, racontait l'Empereur, que je n'avais aucune émotion en traversant les différents postes. Pourtant, en arrivant devant la dernière sentinelle, la pipe que j'avais à la bouche tomba à mes pieds. Ce contretemps me causa une impression très désagréable. Mais une réflexion rapide me fit comprendre que si je l'abandonnais cela éveillerait peut-être l'attention, les maçons n'ayant pas l'habitude de laisser leurs pipes sur les chantiers. Je me baissai donc et la ramassai tranquillement.

Monsieur Thélin, qui avait prétexté quelque course, attendait à un endroit convenu avec un tilbury de poste. L'Empereur avait eu soin de couper ses moustaches, ce qui le changeait beaucoup. Il passa rapidement un paletot, mit un chapeau et monsieur Thélin, poussant vivement son cheval, le conduisit jusqu'à la frontière.

Cela se passait à sept heures du matin. Pendant ce temps, le docteur Conneau qui partagea toute la captivité de Ham, restait dans la chambre de l'Empereur, fort souffrant, disait-il, d'une de ses migraines habituelles et qui se reposait après une nuit de fièvre.

Le gouverneur avait des instructions très sévères et devait s'assurer par lui-même, plusieurs fois par jour, de la présence de son prisonnier. Il était déjà venu à différentes reprises dans la matinée pour prendre de ses nouvelles. Le docteur Conneau, entr'ouvrant la porte, lui avait montré de loin, à travers l'obscurité de la chambre, le prince soi-disant couché et qui, disait-il, avait pris une médecine. C'était un traversin, adroitement disposé par le docteur Conneau, qui tenait la place du Prince dans le lit; et pour ajouter à la vraisemblance, il avait lui-même bravement avalé la médecine.

Enfin, à une heure de l'après-midi, pensant bien que le fugitif devait être hors d'atteinte, le docteur se décida à tout avouer au gouverneur, surpris d'un sommeil aussi prolongé et qui insistait pour entrer.

— Le Prince est parti, dit le docteur Conneau. Ne prenez pas la peine de le faire rechercher. Il est en sûreté, sans quoi je ne vous dirais rien. Faites de moi ce que vous voudrez.

L'Empereur, en effet, avait franchi la frontière belge ; de là, il passa en Amérique.

Le maçon qui avait cédé ses vêtements à l'Empereur pour favoriser son évasion, se nommait Badinguet. C'était un ouvrier élevé par son père, ancien soldat de la grande armée, dans le culte de la légende napoléonienne.

L'Empereur plaisantait sur ce nom, dont il savait que ses adversaires se servaient parfois envers lui, comme d'un terme dérisoire. La plupart du temps on en ignorait l'origine.

— On ne m'offense pas en m'appelant ainsi, disait l'Empereur en souriant. Ce n'est pas un nom de Prince, mais c'est le nom d'un brave homme qui m'a rendu un bien grand service.

En apprenant l'évasion de l'Empereur, la femme du commandant de la forteresse sentant que la position de son mari était très compromise, se répandait en lamentations.

— Comment a-t-il pu songer à s'échapper, disait-elle? Moi qui lui envoyais de si bons bouillons !

Elle avait, en effet, toute sorte de soins pour le Prince, dont la santé était souvent altérée par les fatigues de la captivité.

Le lendemain du jour où le prince Louis-Napoléon fut nommé président à vie, l'ancien commandant de Ham était dans un régiment à Lyon. Il reçut l'ordre d'avoir à se rendre immédiatement à Paris. Très inquiète de cet ordre inattendu, sa femme l'accompagna. Le Prince leur fit un accueil affectueux et annonça à cet officier qu'il allait le nommer gouverneur du Palais de Saint-Cloud.

— Vous m'avez si bien gardé à Ham, lui dit-il, que vous me garderez aussi bien à Saint-Cloud. Puis se tournant vers la dame.

— J'espère, madame, que vous ne regretterez plus vos bouillons.

L'Impératrice, par suite d'une circonstance très étrange, avait vu l'Empereur pour la première fois en 1840, après l'affaire de Strasbourg.

La comtesse de Montijo et ses filles étaient à Paris. Un jour, elles allèrent rendre visite à madame Delessert la femme du Préfet de police, qui habitait la Préfecture avec sa famille.

C'était au moment même de l'arrestation, et le Prince que l'on avait amené très rapidement à Paris, venait d'arriver à la Préfecture de police.

Madame Delessert ayant été prévenue de son passage, plaça madame de Montijo et ses filles à une fenêtre, d'où elles purent voir passer le Prince, qu'on emmenait escorté par un officier de gendarmerie d'une taille exceptionnellement élevée.

Le Prince avait la mine d'un homme qui a passé plusieurs nuits en poste, et auquel on n'a pas même laissé le temps de prendre du linge.

Il repartait le jour même de Paris, toujours escorté par cet officier, qui lui montrait beaucoup d'égards.

Voyant que le Prince souffrait du manque de linge, l'officier de gendarmerie lui offrit une de ses chemises, qui était si longue et si large, que l'Empereur en était entièrement enveloppé. Malgré les circonstances critiques au milieu desquelles il se trouvait, cet incident excita vivement sa gaieté.

Au moment où, sa mission terminée, l'officier prenait congé de son prisonnier, le Prince, très touché de ses attentions et ne sachant comment les reconnaître :

— Je n'ai rien à ma disposition, lui dit-il et je veux pourtant vous laisser un souvenir. Prenez cette mèche de mes cheveux. C'est un présent qui ne se fait d'ordinaire qu'à une maîtresse. Mais gardez-la en mémoire de moi. Peut-être vous portera-t-elle bonheur.

Le Prince, en effet, se souvint de lui dès qu'il fut au pouvoir; il le nomma gouverneur du Palais de l'Élysée.

Lors de cette singulière rencontre, l'Impératrice avait quatorze ans à peine.

Qui donc eût pu prévoir que ce prisonnier et cette enfant, étaient destinés à régner ensemble sur un grand pays?

CHAPITRE VII

Le dîner aux Tuileries. — Le salon d'Apollon. — Le service. — Le nègre de l'Impératrice. — Le salon de Louis XIV. — Un pari de l'Impératrice. — La causerie du soir. — Maladie du Prince Impérial, son humeur et ses goûts d'enfant. — Miss Schaw. — Louis Conneau. — M. Bâchon. — Madame l'Amirale Bruat. — La comtesse Ducos. — La nourrice du Prince Impérial. — M. Monnier. — Madame Corme. — M. Filon. — La mission Régnier.

Aux Tuileries le dîner se servait à sept heures et demie. Toutes les personnes qui composaient le service d'honneur, se réunissaient dans le salon d'Apollon, sur lequel ouvrait le salon bleu et le salon rose de l'Impératrice.

Cette salle était d'une grande magnificence, très vaste et décorée de peintures mythologiques. Le panneau du fond représentait Apollon sur l'Olympe entouré des neuf muses. Au plafond très élevé, à caisson doré on voyait le char du soleil et d'autres attributs emblématiques du dieu du Jour et des Arts.

Trois grands lustres chargés de bougies que l'on allumait tous les soirs, des torchères et des lampes, y répandaient une vive clarté.

Le salon d'Apollon était placé entre le salon blanc ou salon du premier Consul, ainsi nommé à cause de la décoration et du portrait du général Bonaparte qui s'y trouvait, et la salle du trône, qu'il fallait traverser pour aller au salon de Louis XIV, où se prenaient les repas.

Le meuble du salon d'Apollon, en bois doré du temps de Louis XIV était, comme les rideaux, de lampas rouge et blanc. De magnifiques consoles, un piano à queue, une grande table oblongue entourée de chaises légères et de meubles modernes recouverts d'étoffes variées, complétaient l'ameublement. Le milieu était occupé par un vaste canapé rond, sorte de pouff, qui supportait une jardinière de fleurs. Bien souvent, le soir, le Prince Impérial et ses petits amis prenaient ce pouff pour siège de leurs ébats et ils étaient aussi joyeux, aussi bruyants que peuvent l'être des enfants de cet âge.

Les personnes composant le service d'honneur journalier, étaient les deux dames du Palais de l'Impératrice; un officier général aide de camp de l'Empereur — exceptionnellement l'Empereur eut quelques colonels comme aides de camp, mais il n'ont fait que passer ; — le chambellan de l'Empereur, le chambellan de l'Impératrice, l'écuyer de l'Empereur, l'écuyer de l'Impératrice, le préfet du Palais, deux officiers d'ordonnance choisis parmi les officiers les plus distingués des différents corps de l'armée. A moins qu'ils ne lui fussent personnellement connus, l'Empereur choisissait toujours ces officiers sur leurs notes. Ils avaient le grade de capitaine, passaient deux ou trois ans dans la maison de l'Empereur et la quittaient avec le grade supérieur, pour rentrer dans leurs régiments.

On invitait tous les jours à dîner à la table de l'Empereur, l'officier de service qui commandait la garde aux Tuileries, et comme la garnison de Paris était nombreuse, les mêmes revenaient bien rarement. Ces officiers étaient souvent embarrassés, ne connaissant personne, de se trouver aussi familièrement admis dans l'intimité des souverains. Leurs Majestés ne manquaient jamais de leur adresser fort obligeamment la parole.

Le général Rolin, adjudant général du Palais, tenait la table vis-à-vis de l'Empereur ; c'était lui qui dirigeait, contrôlait, surveillait tout, dans le service des palais. Il habitait aux Tuileries le rez-de-chaussée du pavillon de Marsan, sur la rue de Rivoli.

L'Empereur montait chez l'Impératrice avant sept heures et demie. Ils entraient ensemble au salon avec le Prince Impérial, qui avait été admis à dîner à la table de l'Empereur, dès l'âge de huit ans. Il donnait généralement la main à l'Impératrice. En entrant au salon l'Impératrice ne manquait jamais de saluer les personnes qui se trouvaient là et qu'elle voyait journellement, avec sa grâce souriante et souveraine, comme elle l'eût fait dans une cérémonie officielle.

Pour annoncer le dîner, un des maîtres d'hôtel venait prévenir le préfet du Palais, qui s'avançait vers l'Empereur et s'inclinait silencieusement. L'Empereur prenait alors le bras de l'Impératrice, l'aide de camp et le chambellan de l'Empereur offraient leur bras aux dames du Palais et le préfet du Palais, précédant l'Empereur, on passait à table.

Tout ce petit cérémonial se faisait simplement. Du reste dans les habitudes journalières de la cour, la bienveillance douce et polie des souverains, effaçait la raideur de l'étiquette, et sous le voile d'une politesse raffinée, on n'apercevait que le profond respect dont ils étaient entourés.

L'Empereur et l'Impératrice prenaient place à table, l'un auprès de l'autre. Le Prince Impérial était à la gauche de l'Empereur, l'aide de camp de l'Empereur était à la gauche de l'Impératrice. La dame du Palais de grand service était auprès du Prince Impérial. La seconde dame du Palais se plaçait à la droite du général Rolin, vis-à-vis de l'Empereur. J'étais de l'autre côté du général, et chacun ensuite se groupait à son gré.

Avant que je ne fusse aux Tuileries on était toujours treize à table et lors de mon arrivée, plus d'un esprit superstitieux se félicita, de n'avoir plus à redouter le nombre fatal. La table était ornée d'un surtout en argent garni de fleurs, de grands candélabres d'argent, de coupes élégantes également remplies de fleurs. On mangeait dans de la vaisselle plate. Les assiettes étaient à bords guillochés avec les armes Impériales. La plus grande partie de ce service était en ruolz. L'Impératrice pensait que bien des merveilles d'orfèvrerie auraient échappé à la destruction, si elles n'avaient pas été faites d'un métal précieux, que l'on a trop souvent sacrifié pour battre monnaie, dans des temps difficiles. Les jours de grand couvert on servait dans du vermeil; et au dessert dans de ravissants services de sèvres ancien.

La chère était exquise et délicate. On mangeait à peu près en tout temps des fraises, des pêches, des petits pois venus dans les serres des jardins de Versailles.

Il y avait quatre services doubles, c'est-à-dire deux potages, deux relevés, quatre entrées, deux rôtis, etc. Les vins étaient de premier choix et le service se faisait avec une promptitude, un ordre, un calme qui causait l'admiration des souverains étrangers. Même dans les repas les plus nombreux, on ne restait jamais à table plus de trois quarts d'heure.

Monsieur Dupuis, le chef du service de la bouche, dirigeait tout; il était en habit noir.

Derrière l'Empereur se tenait un de ses huissiers ; également derrière le Prince Impérial. Ils avaient l'habit marron à la française. Derrière l'Impératrice, outre monsieur Bignet, son premier huissier, se tenait un jeune nègre, noir comme de l'ébène, du nom de Scander, qu'on avait ramené d'Égypte et qui, superbement vêtu à la façon des nègres que l'on voit dans le tableau des noces de Cana de Paul Véronèse, faisait un effet très décoratif. Il présentait à l'Impératrice ses assiettes avec un air de hauteur orientale comme s'il eût accompli une fonction très élevée. Il se prétendait de grande race, du reste, et refusait d'obéir à quiconque, hors à Sa Majesté.

Il était fort paresseux et on avait grand'peine à le discipliner. Un jour qu'il flânait dans le jardin public des Tuileries, il s'amusait à suivre un monsieur inconnu, en contrefaisant sa démarche et ses gestes. Ce monsieur, s'en étant aperçu, l'engagea à cesser. Loin d'y avoir égard, Scander continua et lui envoya même un coup de pied fort irrévérencieusement placé. Le monsieur indigné, se retourna et administra à l'insolent qu'il avait saisi par l'oreille, une volée de coups de canne. Scander, furieux mais très poltron, se contentait de pousser des cris d'aigle.

— Je suis le fils de l'Impératrice, disait-il; laissez-moi ou je vous ferai pendre.

Enfin, des gardiens qui le connaissaient, arrivèrent pour le dégager et il fut ramené aux Tuileries en fort piteux état. Il s'attendait à tout autre chose que ce qui arriva. Il dut faire des excuses bien difficiles à lui imposer.

Parmi les officiers de bouche qui s'occupaient du service de la table de l'Empereur, il y avait Sunton, fort digne homme, qui dut quitter la maison par suite de circonstances pénibles.

On avait remarqué des articles de journaux, qui dénaturaient certains incidents, le plus souvent sans intérêt, mais qui, habilement travestis, étaient présentés de façon à agiter ou à choquer l'opinion publique.

Tous les gens de service des Tuileries méritaient la plus extrême confiance et on ne savait à qui attribuer ces indiscrétions perfides. Cet homme avoua lui-même au général Rolin, qu'il avait remarqué la coïncidence de ces articles mensongers, avec les visites qu'il recevait de son fils.

Ce jeune homme, qui devait l'éducation qu'il avait reçue aux bontés de l'Empereur, s'était mis dans le journalisme et surprenant la bonne foi de son père, il obtenait de lui certains renseignements d'intérieur, qu'il dénaturait ensuite au mieux de ses intérêts de reporter.

Le pauvre père, fort au-dessus de tout soupçon, conçut un profond chagrin d'une telle aventure. Il quitta la maison où on le regretta, et l'Empereur lui fit une pension. Il mourut peu après.

Les cuisines des Tuileries étaient dans les sous-sols et les plats arrivaient par des monte-charges, placés derrière la galerie de Diane. Il fallait beaucoup d'exactitude, de promptitude pour que les mets n'eussent point à subir les inconvénients d'un parcours aussi long.

Le salon de Louis XIV n'avait rien, dans son arrangement, de ce qui indique d'ordinaire une salle à manger, à l'exception de la table, qui occupait le milieu de la pièce et qu'on recouvrait pendant le jour d'un tapis. Au moment des repas on étendait de grands paravents pour masquer les mouvements du service; des tables volantes pour découper et pour déposer la vaisselle. Puis tout cela disparaissait le repas fini, et le salon reprenait son grand air de palais.

Un buste monumental de Louis XIV décorait la cheminée. Le portrait à manteau bleu du Roi dans son âge mûr, peint par Lebrun, occupait l'entre-deux des fenêtres. Dans le panneau qui faisait face, on voyait la présentation du duc d'Anjou aux ambassadeurs espagnols. Vis-à-vis de la cheminée, un portrait d'Anne d'Autriche régente, ayant auprès d'elle le Roi dans un costume enfantin recouvert du manteau royal, et tenant sur ses genoux son second fils, le duc d'Orléans, habillé en jupes et portant sur la tête un bonnet à trois pièces, comme on en voit aux enfants des campagnes, fait d'une riche étoffe et fort joliment orné d'une grande plume plate, qui retombait sur l'épaule.

Dans cette salle on ne dînait habituellement pas plus de trente ou quarante personnes. L'un des repas les plus nombreux que j'y aie vus, était le gage d'un pari que l'Impératrice avait perdu contre l'Empereur.

L'enjeu avait le caractère indéterminé de ce que l'on nomme une discrétion. Pour s'acquitter, l'Impératrice voulut faire à l'Empereur la surprise de réunir, dans un dîner, les vingt plus jolies femmes de Paris. Le galant berger Pâris, lui-même, eût été embarrassé pour rendre un jugement. Les noms de toutes ces personnes ont été plus de cent fois proclamés par la renommée.

C'étaient : la princesse Anna Murat, duchesse de Mouchy, éblouissante de grâce et de fraîcheur, avec son beau profil napoléonien. La comtesse de Pourtalès, dont l'exquise et délicate beauté, semble avoir été respectée par le temps. La marquise de Galliffet, blonde et belle comme on rêve les anges. La maréchale Canrobert, fine et superbe sous ses tresses brunes comme aristocratique ; les héroïnes de Walter Scott. Madame la baronne Alphonse de Rothschild, avec ses grands yeux de femme orientale, ses traits si purs, l'éclat de son teint, plus délicat que les perles royales qui lui servaient de parure. La marquise de Chasseloup-Laubat, au charme de créole languissant et rêveur. La baronne de Pierrebourg, dont les deux adorables filles, qui semblent ses sœurs, rappellent aujourd'hui la beauté. La duchesse de Morny, la duchesse de Persigny, la comtesse Walewska, la duchesse de Cadore, la baronne Philippe de Bourgoing ; la duchesse de Montmorency, cette exquise jeune femme dont le souvenir évoque tant de charme, tant de regrets. Sa jeune belle-sœur la marquise de Las Marismas, au front toujours charmant. La comtesse de Montebello, douce et séduisante, avec sa nièce, la marquise de Cainzy, tout récemment mariée, et qui était alors une belle jeune femme brune, aux longs yeux bleus. Madame Léopold Magnan, une pure beauté, réalisant le type idéal des vierges grecques. Madame Bartoloni, dont le brillant esprit animait la sculpturale beauté. La princesse de Metternich enfin, qui méritait bien d'être admise au nombre des plus séduisantes. J'étais de service ce jour-là.

Je me souviens que la princesse de Metternich avait à sa gauche l'officier de service, un vieil officier de la gendarmerie de la garde qui, fort attentif auprès de sa voisine, lui offrait à boire a chaque moment, ce qui interrompait la conversation de la princesse et finit par l'agacer.

— Merci, non, avait-elle répondu plusieurs fois sans que l'officier se lassât.

Enfin, avec son plus gracieux sourire :

— Excusez-moi, Monsieur, dit-elle, mais je suis bizarre. Figurez-vous que chaque fois qu'on m'offre à boire, cela me donne envie de pleurer. Vous comprenez combien cela serait fâcheux ici.

Elle conquit ainsi le droit de continuer son dîner sans renouveler ses révérences.

L'Impératrice aimait autour d'elle les jolis visages; et contrairement à l'idée répandue sur la loi des constrastes, cette réunion sembla lui donner raison, car la variété de ces types de beauté accomplie, faisait valoir le mérite de chacune.

Cette gracieuse fantaisie de souveraine réussit à souhait. Rien ne fut plus charmant que le groupement de toutes ces femmes jeunes, belles, particulièrement distinguées; toutes parées avec une grande élégance, dans ce cadre somptueux.

Après le repas on revenait dans le salon d'Apollon, où l'on servait le café que l'Empereur prenait debout, en fumant des cigarettes.

C'était généralement à ce moment que l'Empereur causait avec l'officier de garde. Tout le monde restait debout tant que l'Empereur n'était point assis. Mais il ne manquait jamais, lorsqu'on était pas en représentation, de prier les femmes qui se trouvaient là de s'asseoir. Puis on se plaçait autour de la table et la conversation devenait générale sur les faits du jour, ou suivant les caprices et la fantaisie de chacun.

La plupart des hommes attachés à la maison civile de l'Empereur et de l'Impératrice, faisaient partie de la chambre des députés. Le marquis d'Havrincourt, le baron de Pierres, le duc de Trévise, le comte d'Aygues-Vives, le marquis de Piennes, le duc de Conegliano, le baron Philippe de Bourgoing, le comte de Cossé-Brissac, le baron Zorn de Bulach, représentaient chacun leur département. Presque toujours, l'un ou l'autre était de service, et ils rendaient compte des incidents intéressants, qui avaient pu se produire à la Chambre.

L'Impératrice était la personne du monde la plus agréable à entendre causer. Elle mêlait de la gaieté, de la vivacité à un fond d'observation très fine et à une grande élévation naturelle. Elle avait le don particulier de l'assimilation avec une mémoire heureuse, et saisissait de suite le côté original des personnes ou des choses. Elle avait par dessus tout l'horreur de tout ce qui ressemblait à de l'affectation. Elle s'intéressait et se distrayait de tout, ne craignait pas la discussion et le tour vif et imprévu de ses réparties, donnait beaucoup de charme et d'éclat à ce qu'elle disait.

Parfois l'Empereur s'occupait à faire des patiences, avec de petits jeux de cartes qui restaient sur la table dans des étuis. L'Impératrice en faisait aussi, mais c'était plutôt une contenance qu'elle prenait, pour garder le silence quand elle était préoccupée. Quelquefois aussi, pour divertir le Prince Impérial, on faisait très bourgeoisement une partie de loto. L'Empereur allait chercher de petits rouleaux de pièces de 50 centimes toutes neuves, qu'il brisait sur la table et qui servaient de jetons et d'enjeu. En dehors de cela jamais on ne jouait aux Tuileries.

A dix heures on apportait une table servie à l'anglaise avec des pâtisseries sèches et du thé, que les dames du Palais préparaient et offraient elles-mêmes. Il y avait une théière de thé d'oranger qui avait beaucoup de succès auprès des messieurs, et dans un coin du salon, un plateau avec des sirops et du café glacé. Généralement l'Empereur se retirait après avoir pris une tasse de thé.

La conversation alors reprenait de plus belle; l'Impératrice prolongeant la soirée jusque vers onze heures et demie. Je quittais le salon en même temps que Sa Majesté et bien souvent elle me retenait près d'Elle pendant qu'on la déshabillait; parfois même après qu'elle était couchée, m'entretenant avec une bonté familière, ou bien me faisant lire les extraits des journaux qu'on envoyait chaque soir du Ministère de l'Intérieur. C'était presque les seules lectures que j'eus occasion de faire à l'Impératrice, qui, lisant beaucoup et rapidement, préférait en général lire elle-même.

L'Impératrice n'avait aucune mollesse dans les habitudes; ce qui paraîtra singulier à bien des femmes, elle ne possédait pas de robe de chambre. Elle n'avait que les peignoirs de lingerie que l'on porte pendant la toilette, s'habillant complètement dès le matin. Lorsque le Prince Impérial eut la rougeole au mois de février 1865, l'Impératrice inquiète à l'idée qu'un refroidissement pourrait avoir de mauvaises conséquences, voulut passer elle-même, les nuits auprès de son fils. Il fallut, pour qu'elle n'eût pas la fatigue de rester habillée, lui trouver une robe de chambre toute faite. Étant à peu près de même taille, j'allai aux magasins du Louvre et je pris une robe de chambre en flanelle rouge, qui ne coûta pas cent francs et qui parut à l'Impératrice la chose du monde la plus commode. L'Impératrice put ainsi veiller sans trop de fatigue.

Le Prince Impérial avait gagné la rougeole à un bal costumé des Tuileries, auquel on lui permit d'assister pendant quelques heures. Il dansa un quadrille avec une très jolie jeune fille, mademoiselle Robin, qu'il trouvait fort à son gré. La pauvre enfant, souffrante depuis quelques jours, n'avait pas voulu en convenir, afin de ne pas être privée de ce bal dont elle se promettait un vif plaisir. Sa mère, en assistant à sa toilette, remarqua que ses épaules étaient couvertes de rougeurs. Mademoiselle Robin attribua cet accident à une cause puérile. Elle vint au bal, dansa fort gaîment une partie de la nuit. Mais en rentrant chez elle une fièvre ardente la prit. La rougeole était rentrée et rien ne put la sauver. Le lendemain elle était morte. Les mêmes fleurs qui avaient orné sa toilette, devinrent la parure de son cercueil. Elle était fille unique. Elle avait vingt ans. Tout lui souriait dans la vie.

Le Prince Impérial ne fut pas le seul atteint par la contagion. Plusieurs personnes qui avaient causé avec cette pauvre jeune fille, furent aussi très malades. Madame de Lourmel eut la rougeole et l'on craignit pour sa vie.

Les inquiétudes de l'Impératrice étaient légitimes, car cette épidémie fut maligne. Néanmoins, dans le public on se montrait préoccupé de la maladie du Prince, et avec l'exagération habituelle, on faisait courir des bruits alarmants.

Le docteur Barthez qui soignait le Prince, trop soucieux peut-être de l'inquiétude publique, crut pouvoir autoriser la première sortie en voiture le 16 mars suivant, jour anniversaire de la naissance du Prince. C'était prématuré. Il faisait un froid très vif. Le Prince rentra avec des frissons, et c'est là, je l'ai toujours pensé, qu'il prit le germe de la grave maladie qu'il fit l'année suivante et qui mit sa vie en danger, car après la rougeole il était devenu plus délicat et avait eu de continuelles indispositions. C'était, du reste, le petit malade le plus patient et le plus raisonnable que l'on pût voir, quoiqu'il fût vif et impétueux ; mais il se contenait et savait déjà se dominer pour complaire aux personnes qui lui donnaient leurs soins.

Bien enfant encore, il était attachant par ce désir d'être agréable, à tous ceux qui l'approchaient.

Miss Schaw, la gouvernante anglaise qui l'avait élevé, était la meilleure personne du monde. Elle avait un grand sentiment de dignité et ne manquait aucune occasion de donner au Prince des avis et des avertissements, faits pour développer tout ce qu'il y avait de franc et de généreux dans le fond de sa nature. Elle avait un dévouement, une sollicitude continuels, et elle adorait véritablement son Prince ; « My Prince, » comme elle disait en mêlant les deux langues, qu'elle parlait avec une égale difficulté, car elle avait oublié l'anglais, et n'avait jamais pu arriver à parler couramment le français ! Elle couchait dans la chambre du Prince, dans une sorte d'alcave faite avec de grands rideaux de satin bleu de ciel, comme le reste de la tenture, toujours vigilante. Le Prince la chérissait et avait pour elle mille petites attentions ingénieuses et touchantes.

Il recherchait, du reste, ce qui est rare chez les enfants, toutes les occasions d'être agréable aux gens qui le servaient.

Il aimait beaucoup ses jeunes camarades ; entre tous Louis Conneau lui était particulièrement cher, et ils se voyaient journellement. Il y avait pourtant quelquefois des orages.

Un jour de grand dîner aux Tuileries, le Prince, qui ne devait pas paraître, avait demandé la permission d'inviter Louis Conneau à dîner avec lui, et afin de lui faire une surprise agréable, il avait demandé qu'on leur servît une crème aux fraises, qu'ils aimaient beaucoup tous deux. Mais au milieu de la journée une querelle s'éleva et Louis Conneau, très froissé, demanda à rentrer chez lui. Le Prince ne voulut pas paraître affecté de cet abandon et il acheva seul, assez tristement, cette journée, dont les deux enfants s'étaient promis tant de plaisir.

L'heure du dîner étant arrivée, le Prince se mit à table et mangea comme de coutume. Mais quand la crème aux fraises parut, son cœur déborda et les larmes, longtemps contenues, se mirent à couler.

— Portez la crème à Conneau, dit-il à un de ses domestiques, et dites-lui que je n'ai pas le courage de la manger sans lui.

Il était pourtant très malicieux. On lui offrit un jour une boîte de dragées d'un baptême. Comme on n'aimait pas à lui laisser manger de bonbons, cela lui parut un présent magnifique, et il désira la porter à l'Impératrice pour la lui faire admirer.

Mais en passant auprès du cent-garde qui était posté à sa porte, une idée bizarre, véritable idée d'enfant lui traversa l'esprit, et il vida toute la boîte de dragées dans la botte du cent-garde, qui restait immobile au port d'armes, en recevant cette avalanche de douceurs.

Le Prince a toujours montré une grande témérité. Il semblait inconscient du danger. Il était toujours le premier parmi ses camarades, pour proposer des entreprises hasardeuses, et il fallait une très grande vigilance pour éviter les accidents.

A huit ans, il montait déjà à cheval avec élégance et quand il passait des revues aux côtés de l'Empereur, dans son uniforme de grenadier de la garde, sur son petit poney Bouton-d'Or, plus d'un vieux troupier, en voyant la bonne grâce de cet enfant, avait la larme à l'œil. Le Prince comptait comme caporal au premier régiment des grenadiers de la garde. Il portait très crânement le bonnet à poils et on pouvait tout obtenir de lui en lui disant :

— Ne faites pas cela, Monseigneur, vous déshonoreriez l'uniforme.

On avait placé auprès de lui dès sa naissance Monsieur Bâchon, un écuyer émérite qui initiait le Prince à la science équestre, comme s'il se fût agi d'un sacerdoce. C'était un très digne homme, et il eut une heureuse influence. Il n'était plus jeune, mais il était de Gascogne; son humeur était gaie et agréable pour un enfant. Il savait captiver le Prince et en ce qui le concernait, il le dirigeait à merveille.

Le Prince échappa aux inconvénients auxquels

sont exposés les fils de souverains, qui rencontrent trop souvent une servilité et des complaisances dangereuses.

L'entourage du Prince, dans sa première enfance, sut écarter ce qui aurait pu gâter ses heureuses dispositions. Il était très libre, très gai, on ne le contraignait pas inutilement; mais il était habitué à quitter tous ses jeux et à se soumettre aux lois du décorum, tyrannique dès le jeune âge pour les princes.

A sa naissance, madame l'Amirale Bruat avait été nommée gouvernante des enfants de France. Avec son visage de madone, son beau profil noble et fier, elle ressemblait à l'ange de la patrie placé près de ce berceau.

Le Prince toute sa vie lui garda une tendre affection; il lui écrivait souvent. Madame Bizot, madame de Brancion furent nommées sous-gouvernantes. L'une ou l'autre accompagnait toujours le Prince lorsqu'il sortait; mais leurs fonctions se rattachaient entièrement au service d'honneur, l'Impératrice s'étant réservé la direction intime de son fils. Lorsqu'on dut s'occuper du choix d'une nourrice, madame la comtesse

Ducos, femme du ministre de la marine, une des plus belles personnes de la Cour, et qui nourrissait elle-même deux enfants jumeaux, s'était offerte à nourrir le Prince Impérial. L'Impératrice n'accepta pas cette offre de dévouement. On choisit une belle et forte paysanne, qui nourrit le Prince. Une seconde nourrice habitait les Tuileries avec son enfant, toujours prête à la remplacer en cas de maladie. Cela ne fut pas nécessaire, mais sa présence eut une bonne influence. Quand la nourrice montrait quelque velléité d'humeur ou de caprice, on lui disait simplement :

— Si vous êtes fatiguée, nourrice, on va faire descendre l'autre !

Cela dissipait les nuages comme par enchantement et on n'eut qu'à se louer de ses soins. Elle avait plusieurs enfants, et en outre d'une pension qu'on lui faisait, ils furent élevés par les bontés de l'Empereur. Ce qui est à peine croyable, c'est qu'un de ses fils, plus âgé que le Prince de quelques années, fut pris parmi les communards en 1871 et transporté à Nouméa. Il s'adressa à l'Impératrice pour lui demander de s'intéresser à son sort, afin de lui obtenir quelques adoucissements. L'Impératrice, qui avait auprès d'elle en Angleterre la sœur de lait du Prince, eut la bonté de le faire et pria quelqu'un de s'en occuper, ce qui fit dire à certains journaux que la Commune était pleine de gens attachés à l'Empire. Le Prince eut un très long chagrin du départ de sa nourrice. Elle portait le pittoresque costume des femmes du Bourbonnais avec la jupe rouge, le petit corset de velours noir, et une légère coiffure de dentelles.

Le Prince conservait un foulard de soie venant de sa nourrice et un morceau de velours d'un de ses corsages. Chaque soir, pendant plusieurs années, il s'endormait la tête sur le foulard, tenant le morceau de velours qu'il promenait sur sa figure. Miss Schaw redoutait beaucoup de perdre ces deux objets.

— My Prince serait inconsolable, disait-elle, si on les égarait.

A huit ans le Prince quitta en partie les mains des femmes.

Les sous-gouvernantes devinrent honoraires et elles furent remplacées par monsieur Monier, le précepteur du Prince, qui avait été très chaudement recommandé à l'Empereur par madame Cornu. Fille d'une des femmes de chambre de la Reine Hortense, elle avait été élevée à Arenenberg.

Madame Cornu était une femme intelligente; dans son enfance elle montra de grandes dispositions pour l'étude. La Reine Hortense s'y était intéressée et elle avait reçu une éducation supérieure. Tout son mérite était dans son esprit, car elle était laide de visage et fort bossue. Ce qui ne l'avait point empêchée de se marier avec monsieur Cornu, un peintre de talent qui décora beaucoup de chapelles officielles. Elle était entourée d'un cercle d'hommes distingués, littérateurs, peintres, académiciens, qui lui croyaient une grande influence. Elle s'était montrée dévouée à l'Empereur, qui fit beaucoup pour elle; mais en choisissant monsieur Monier sur ses recommandations, l'Empereur n'eut pas la main très heureuse. C'était un fort honnête homme, doux et timide, qui n'avait ni les dehors, ni les façons qu'il fallait dans le milieu où il était appelé à vivre. Du reste, il resta peu de temps auprès du Prince.

Il était élève de l'École Normale et avait beaucoup de science; mais l'habitude du monde lui manquait, et à cet égard le Prince, tout enfant, lui en aurait remontré. Il écrivait l'histoire d'Alcuin, précepteur de Charlemagne. Cet ouvrage lui avait été inspiré par sa situation personnelle. Il se livrait à des recherches très ardues, et il espérait publier plusieurs volumes sur un si grand sujet. Je crains que le livre n'ait pu être achevé, car il est mort peu de temps après avoir quitté le Prince, n'ayant jamais pu se faire aux usages de la cour, et ennuyant un peu son élève, par un enseignement lourd et pédant. Il fut remplacé par monsieur Filon, qui appartenait à l'université, et qui était un jeune homme distingué. Il resta auprès du Prince après la guerre, jusqu'au moment où l'Empereur se décida à placer son fils, à l'École militaire de Woolwich.

C'est monsieur Filon qui reçut à Cowes monsieur Régnier, dans les premiers jours qui suivirent l'arrivée de l'Impératrice et du Prince Impérial en Angleterre ; cet agent mystérieux dont on n'a jamais pu deviner la mission, si toutefois il en eut une.

C'est monsieur Filon qui, sur sa prière, lui remit une photographie signée par le Prince Impérial.

On était prodigue de cette faveur légère envers les Français qui venaient en Angleterre offrir leurs hommages aux souverains. Cette petite circonstance prit des proportions bien inattendues.

Monsieur Régnier présenta la photographie au Maréchal Bazaine à Metz, comme un gage des pouvoirs dont il était chargé pour négocier avec lui, et il parvint ainsi à attirer son attention. Toute cette affaire est restée fort obscure, du reste. Jamais l'Impératrice n'a pu en avoir d'éclaircissement, car elle ne reçut point monsieur Régnier et n'avait attaché aucune importance à sa visite.

Ce ne fut que plus tard, lorsque les événements se déroulèrent, que l'on apprit l'abus dont monsieur Régnier s'était rendu coupable, en présentant la photographie signée du Prince Impérial, comme le gage d'une mission.

Cette prétendue mission de monsieur Régnier, mort aujourd'hui, est restée enveloppée d'un étrange mystère. On se perd en conjectures sur le but qu'il poursuivait, sur l'intérêt qui a pu le guider.

Était-ce un agent provocateur, un vulgaire

intrigant, un homme de bonne foi qui put se croire capable, par des négociations occultes, de dénouer une situation terrible. On est livré à mille conjectures.

Dans une autre partie de ces Souvenirs, je dirai ce que j'ai appris à son sujet. On en est réduit aux hypothèses et malgré d'actives recherches, on n'a jamais pu démêler, le mobile qui le fit agir.

CHAPITRE VIII

Les réceptions aux Tuileries. — Les dîners. — Grands bals. — Les cent-gardes. — Les présentations. — La salle des Maréchaux. — Joyaux. — Bals costumés. — Quatre sphynx. — Le marquis de Gallifet. — La marquise de Gallifet. — La comtesse de Castiglione. — Le Prince Jérôme. — Le docteur Arnal. — Les concerts. — Les bals privés de l'Impératrice. — La Princesse de Beauffremont. — Le Prince Georges Bibesco. — La Princesse de Monaco. — La duchesse de Hamilton. — Le duc de Hamilton

Pendant l'hiver il y avait aux Tuileries le jeudi, un très grand dîner offert aux ministres, aux ambassadeurs, aux généraux, députés, préfets, hommes d'État de tous ordres. Puis le soir, réception ouverte pour tous les hauts fonctionnaires et leurs femmes. L'Impératrice reconnaissait tout le monde, même après de longs intervalles, se souvenait de tous les détails de situation et de parenté, trouvant pour chacun un mot gracieux et passant la soirée debout, allant de groupe en groupe, cherchant à être agréable à tous, se donnant une peine, que bien des maîtresses de maison ne prendraient pas, pour accueillir leurs hôtes.

Depuis le mois de janvier jusqu'au carême, il y avait quatre grands bals officiels, pour lesquels on faisait de quatre à cinq mille invitations. Ces fêtes remuaient des millions dans Paris.

Les hommes devaient être en uniforme ou en habit de cour, et ces réceptions, au milieu de la splendeur des salons du palais, avaient un éclat dont il est difficile de se rendre compte aujourd'hui.

Le monumental escalier qui se trouvait à droite sous la voûte du pavillon de l'Horloge, et qui montait droit, entre les murailles décorées de bas-reliefs, était garni de chaque côté d'une large rampe de fleurs. Les cent-gardes échelonnés de marche en marche, immobiles au port d'armes, avec leur élégant uniforme bleu clair à revers rouges, leurs cuirasses éclatantes, leur casque paré d'une longue crinière blanche, étaient recrutés parmi les plus beaux hommes de l'armée. Avec leur air martial, leur noble prestance, leur taille élevée, ils formaient la plus magnifique escorte qu'un souverain pût avoir.

La foule des invités s'amassait dans la galerie de la Paix, attendant le moment de pénétrer dans la salle des Maréchaux, dont les portes restaient fermées jusqu'à ce que Leurs Majestés fissent leur entrée.

L'Empereur et l'Impératrice, en quittant leurs appartements, se rendaient d'abord dans le salon du premier Consul, où les attendait la famille Impériale, les dames et les officiers de leurs maisons, le corps diplomatique, les ministres et les grands dignitaires.

C'est là qu'avaient lieu les présentations.

Les personnes de la société qui désiraient être admises à la cour devaient adresser une demande au grand chambellan, qui la communiquait à l'Empereur. Si elles étaient agréées, elles devaient s'adresser : les hommes, au Duc de Bassano ; les femmes, à la Princesse d'Essling, ou à une des dames du Palais qui les présentait.

Les étrangers suivaient le même cérémonial, par l'intermédiaire de leurs ambassadeurs.

Ces personnes, alors, pouvaient être admises par

invitation à Compiègne et aux réceptions privées.

Les présentations avaient lieu généralement les soirs de grand bal. Puis Leurs Majestés, précédées des chambellans, suivies des princes et princesses, du corps diplomatique, des grands dignitaires et de toute la cour, faisaient leur entrée dans la salle des Maréchaux où l'on annonçait à haute voix : « l'Empereur ».

Plusieurs rangées de gradins sur lesquels les femmes étaient assises, entouraient cette salle de proportions immenses. Au milieu, sur une estrade peu élevée, se trouvaient deux grands fauteuils semblables et d'autres sièges.

L'Empereur et l'Impératrice y prenaient place entourés des membres de la famille impériale et des personnes ayant un rang à la cour.

Des places étaient réservées aux grands dignitaires, au corps diplomatique, aux femmes dont les maris faisaient partie de la maison de Leurs Majestés.

Dans les dernières années de l'Empire on avait supprimé le quadrille officiel. Dès que l'Empereur et l'Impératrice étaient assis, les danses commençaient.

L'orchestre, invisible, était placé dans une tribune au premier étage et bientôt l'espace vide au milieu de cette immense salle, se remplissait d'hommes désireux de voir de près les souverains. Les chambellans avaient souvent grand'peine à maintenir le cercle réservé à la danse, qui allait toujours se rétrécissant, sous la pression de ce nombre considérable de personnes.

Toutes les femmes de la cour étaient très parées.

La princesse Mathilde, dont le beau profil et la grande tournure, semblaient faits pour orner un trône, sachant complaire à l'Empereur, venait exactement aux grands bals, malgré son peu de goût pour la représentation. La princesse Clotilde y apportait sa résignation souriante, et la princesse Lucien Murat, qui avait le rang et le titre d'Altesse, y assistait généralement ainsi que sa fille, la belle et jeune princesse Anna, et sa belle-fille la princesse Joachim Murat, née Wagram, la femme du brillant colonel des Guides. Puis les autres personnes de la famille de l'Empereur, filles de Lucien Bonaparte, le second frère de l'Empereur Napoléon 1er. Elles n'avaient point de rang officiel à la cour, mais par courtoisie on leur donnait le titre de princesse. C'était la princesse Julie, marquise Roccagiovine ; la princesse Charlotte, comtesse Primoli, la princesse Augusta, princesse Gabrielli. Elles ont laissé les meilleurs souvenirs.

La princesse Julie, qui était une personne d'un esprit supérieur, avait un salon fréquenté par tout ce qui était intelligent et distingué dans la société parisienne et dans la société étrangère.

Après la guerre, vivant entre elles dans une grande union, elles se retirèrent à Rome, où elles retrouvèrent bien des amitiés. Là encore leur maison est devenue un centre attrayant. Françaises par le cœur, elles conservent le regret de la patrie, et tous les Français qui passent à Rome trouvent auprès d'elles l'accueil le plus hospitalier. Frappée dans ce qu'elle avait de plus cher, la princesse Julie perdit successivement trois de ses enfants.

La princesse Charlotte était la mère du comte Joseph Primoli, un poète mondain, très apprécié à Paris comme à Rome.

A l'exception de quelques hommes qui prolitaient des privilèges attachés à leurs fonctions, pour être agréables à beaucoup de jolies dames, les grands bals des Tuileries n'étaient pas, en général, les fêtes préférées de la cour, quoique ce fût un des plus beaux coups d'œil mondain, qu'il fût possible de voir.

A onze heures, Leurs Majestés précédées des chambellans qui leur frayaient un passage au milieu d'une foule compacte, passaient dans la galerie de la Paix, où il y avait un second orchestre et où l'on dansait également. On y restait un moment, puis après avoir fait le tour de cette galerie qui avait bien quarante mètres de long, en saluant tous leurs invités, l'Empereur et l'Impératrice revenaient dans la salle des Maréchaux et rentraient dans les autres salons. On se rendait dans la galerie de Diane où était dressé un magnifique buffet, hospitalièrement approvisionné de tout ce qu'il faut pour un souper debout.

Vers minuit et demi généralement, Leurs Majestés se retiraient et la fête continuait jusqu'à trois et quatre heures du matin, sous les auspices des officiers de service, qui faisaient fort galamment les honneurs.

Ces grands bals étaient un bien magnifique spectacle, lorsqu'on pénétrait en observateur dans les galeries qui entouraient à mi-hauteur la salle des Maréchaux. Il arriva deux ou trois fois que l'Impératrice ayant été souffrante, n'avait pu y paraître ; comme je n'allais à aucune réception sans Sa Majesté, je me trouvai dispensée du bal. Je me rendais dans ces galeries par les petits escaliers intérieurs, et de là, sans être vue, dominant toute cette foule animée par la musique et les danses, j'assistais à un spectacle véritablement féerique.

La coupole dorée de la voûte était soutenue par des groupes de cariatides et des trophées d'armes. Les portraits des douze maréchaux de l'Empire dans leurs riches uniformes, décoraient les différents panneaux ; des draperies de velours rouge à crépines d'or garnissait les hautes fenêtres, qui semblaient de petites ouvertures dans les immenses proportions de cette salle.

La variété et l'élégance des costumes des hommes, remplaçant la sévérité monotone des habits noirs, donnait à ces fêtes un caractère tout particulier. Beaucoup d'officiers portaient la culotte blanche avec leur uniforme; le corps diplomatique, en grande tenue, offrait une réunion des costumes de toutes les nations; on y voyait des Russes, des Anglais, des Palikares, des Hongrois, des Persans, les uns chamarrés de broderies et de décorations, d'autres dans une tenue sombre et sévère; des uniformes de toutes les armées du monde, jusqu'aux Chinois même, dont il ne fallait pas effleurer le sabre du bout du doigt, — ce qui est un déshonneur chez eux paraît-il, — sous peine de les voir s'ouvrir le ventre.

Chacun des services particuliers de la maison de l'Empereur avait une tenue de cérémonie; l'ancien habit à la française, de même forme pour tous, mais de couleur différente, avec la culotte blanche et les bas de soie blanche.

Les chambellans de l'Empereur avaient le frac écarlate à larges broderies d'or. Les écuyers vert et or, la vénerie vert et argent. Les préfets du palais, amaranthe et or; les maîtres de cérémonie, violet et or; les officiers d'ordonnance bleu pâle brodé d'argent avec les aiguillettes.

Les chambellans et écuyers de l'Impératrice étaient en bleu et argent.

Les uniformes particuliers de la garde, les officiers d'artillerie tout en noir avec des brandebourgs d'or; l'uniforme des guides commandés alors par le Prince Joachim Murat, un des hommes les plus élégants de l'armée.

Certaines physionomies ressortent d'une façon inoubliable du cadre de ces fêtes pour lesquelles elles semblaient avoir été créées.

Le marquis de Flammarens entr'autres, le type accompli du chambellan des anciennes cours, avec sa figure fine, ses façons de gentilhomme, ses cheveux blancs et légers soigneusement bouclés, Chinchilla, comme nous l'appelions familièrement entre nous. Un perpétuel sourire d'adoration sur les lèvres en parlant à toutes les femmes, se multipliant pour placer ses nombreuses amies, offrant son bras aux jolies inconnues afin de leur frayer un passage au milieu de la foule, il savourait durant ces quelques heures de représentation somptueuse la satisfaction de tous ses goûts. Combien parmi ceux qui composaient cette cour élégante ont dû des conquêtes fort enviables, au prestige de ces habits chamarrés, devant lesquels s'ouvraient la foule, et qui faisaient une privilégiée de celles qui, pour un moment, acceptaient leurs soins.

L'Impératrice quittait ces fêtes toujours assez lasse. Souvent elle ne prenait pas le temps d'appeler ses femmes et avant de rentrer dans son cabinet de toilette, enlevant elle-même le diadème et les bijoux dont le poids la fatiguait, elle les mettait pêle-mêle dans le devant de ma robe, que je lui présentais pour se débarrasser. Je tremblais toujours d'égarer quelque chose en transportant ainsi ces pierreries, car il y en avait dans le nombre qui représentaient une fortune.

L'Impératrice avait fait monter une partie des diamants de la couronne en bijoux à son usage. Beaucoup avaient une histoire. Un diamant jaune, entre autres, gros comme une petite noix, placé dans un peigne avec d'autres pierres plus blanches, avait été avalé par un insurgé en 1848, pendant le pillage des Tuileries. Les facettes tranchantes du diamant avaient produit des désordres internes et le malheureux était mort au milieu de tortures, en avouant son larcin. On avait retrouvé le diamant en faisant l'autopsie. C'était une des plus grosses pierres de la collection des diamants de la couronne; l'Impératrice n'avait connu cette particularité que plus tard et ce souvenir l'avait fait renoncer à s'en parer.

A l'époque du carnaval on donnait généralement un bal costumé; les invitations y étaient plus restreintes qu'aux grands bals et ne comprenaient que les personnes présentées.

Dans ces fêtes, pleines d'entrain et de gaieté où chacun donnait un libre cours à son imagination, c'était un assaut d'élégance et d'originalité. Beaucoup de femmes y venaient pour intriguer sous le masque, et quelques jeunes gens, profitant d'une taille exiguë et d'une voix flûtée, usèrent de ce travestissement.

Le comte Raynald de Choiseul, fit un soir tourner toutes les têtes, et l'on chercha longtemps quelle femme spirituelle et audacieuse, pouvait bien se cacher sous un domino élégant, porté avec une grâce féminine qui ne permettait pas de soupçonner un individu du sexe laid. Même dans la photographie masquée, qu'il distribuait à profusion, il était impossible de se douter de la supercherie.

Une année, quatre sphinx vêtus à l'égyptienne

avec des bandelettes et de longs voiles à rayures multicolores, piquèrent la curiosité par leur esprit et leur gaieté. C'était la comtesse Fleury, la maréchale Canrobert, la duchesse d'Isly, la baronne de Bourgoing. Toutes quatre grandes et de taille pareille, mises d'une façon identique, intriguèrent sans qu'on pût les reconnaître, se substituant l'une à l'autre avec tant d'adresse, que toutes les personnes avec qui elles causèrent ne purent démêler si c'était toujours la même ou vingt femmes différentes.

On voyait l'obélisque de Louqsor de la place de la Concorde, se promener gravement à travers les salons, cachant un officier des cent-gardes démesurément grandi, enfermé dans la pyramide chargée d'hiéroglyphes.

Un mirliton gigantesque, enveloppé de devises se balançait à deux mètres au-dessus de toutes les têtes. L'Empereur, inquiété par les zigzags désordonnés du danseur, qui se croyait bien dissimulé sous cette enveloppe de la foire, s'informa, et sut que c'était le marquis de Gallifet.

On était un peu accoutumé à ses incartades de jeunesse. Il les rachetait par un héroïsme qui n'est pas rare dans l'armée française, mais qui lui méritait toutes les indulgences. Il revenait alors du Mexique, où sa conduite avait été si brillante. Horriblement blessé dans un combat, on raconta que, laissé pour mort, il avait pu cependant, en revenant à lui, se traîner le ventre ouvert jusqu'à une ambulance où il était arrivé portant ses entrailles dans son képi. Sous un climat chaud une telle blessure était terrible et on dut employer la glace pour le soigner. Mais la glace était difficile à se procurer. Il fallait pénétrer dans les montagnes et traverser des défilés dangereux en pays ennemi. Les camarades de monsieur de Gallifet allèrent chaque jour à tour de rôle pour chercher la provision de glace. Enfin on le sauva.

On était au courant à Paris de la gravité de cette blessure. Monsieur de Gallifet avait passé assez longtemps dans la maison de l'Empereur comme officier d'ordonnance, et l'Empereur s'intéressait particulièrement à lui. Quelque temps avant son retour en France, sa femme, madame de Gallifet, vint à une réception des Tuileries où elle était fort entourée, tout le monde la félicitant de cette heureuse guérison. L'Empereur vint causer avec elle et lui exprima sa sympathie.

— Vous avez dû être horriblement inquiète en apprenant la gravité d'une telle blessure, dont tous les journaux parlaient.

— Oh! non, Sire, répondit madame de Gallifet avec son angélique sourire. Il a tant de chance.

Et elle raconta à l'Empereur que le jour même où les médecins avaient pu répondre de la vie de son mari, les communications ayant été coupées; il devint impossible d'avoir la glace sans laquelle, jusque-là, on n'aurait pu répondre de rien.

C'était un ménage assez froid, et la beauté ravissante de madame de Gallifet, ne la préserva pas des ennuis d'un mariage désuni.

Madame de Gallifet était douce et bonne, n'ayant jamais un mot malveillant pour personne. Elle resta à Paris pendant tout le temps du siège, soignant les blessés avec un grand dévouement.

La célèbre Comtesse de Castiglione fit, je crois, sa dernière apparition dans le monde à un bal costumé des Tuileries. J'avais eu occasion de la voir en 1865, à un dîner à Saint-Cloud, que l'on donnait en l'honneur du Roi Humbert, alors Prince Royal d'Italie.

Madame de Castiglione était d'une beauté accomplie, d'une beauté qui ne semblait pas appartenir à notre temps; mais dans l'admirable perfection, dans la grâce, même, de tout son être, ce qui paraît à peine croyable, le charme n'existait pas. Il y avait sur ce beau visage une expression de hauteur, de dureté, qui faisait penser à ces divinités que les anciens cherchaient à apaiser par des sacrifices.

En animant la plus belle statue, on aurait une idée de cette personne extraordinaire. En effet, en la voyant, on croyait voir agir, parler, se mouvoir une statue; elle paressait moins vivante que les autres femmes, et cependant elle avait beaucoup d'éclat. Sans doute ne daignait-elle pas s'humaniser pour la foule.

On a prétendu qu'elle avait joué le rôle d'un agent politique, entre les mains habiles de monsieur de Cavour. C'est bien difficile à apprécier. Elle était assez belle pour séduire, sans que la diplomatie eut à s'en mêler.

C'est à un bal chez la Duchesse de Bassano

qu'elle parut pour la première fois, dans la société parisienne. Elle mit à la mode ces grandes plumes disposées en couronne, qui la grandissaient encore, et qui convenaient à son altière beauté.

Vers 1860, le Prince Jérôme donna une fête au Palais-Royal en l'honneur de l'Impératrice.

L'Impératrice, vêtue d'une robe de tulle blanc coiffée d'une guirlande de violettes de Parme, avait paru à tous d'une beauté ravissante, rehaussée encore par ce charme indéfinissable qui la rendait si séduisante. Le Prince Jérôme lui fit faire le tour des salons en lui donnant non pas le bras, mais la main suivant la mode de sa jeunesse, la précédant légèrement avec une grâce un peu surannée, mais tout à fait chevaleresque.

Vers une heure, l'Empereur et l'Impératrice se retiraient lorsque, montant vivement l'escalier, la comtesse de Castiglione se trouva devant eux.

— Vous arrivez bien tard, madame la comtesse, lui dit galamment l'Empereur.

— C'est vous, Sire, qui partez bientôt.

Et elle entra dans la fête avec cet air de dédain écrasant dont elle enveloppait l'humanité tout entière. C'était une personne d'un esprit distingué et viril; écrivant et causant à merveille, paraît-il, sur les questions les plus sérieuses. Elle avait l'instinct politique des Florentines, et le très petit nombre d'hommes qui l'ont connue, car elle n'admettait aucune femme à son intimité, lui accordaient des facultés supérieures.

Tout ce qu'on raconte d'elle la montre impérieuse, bizarre, vivant dans le culte de sa merveilleuse beauté. Elle eut un fils qu'elle perdit à vingt ans. On ne la disait pas tendre mère.

Après son mariage, elle se refusa absolument à aller faire une visite de convenance à sa belle-mère, la marquise de Castiglione. Son mari avait vainement épuisé tous les raisonnements, toutes les prières pour obtenir d'elle cette démarche. Un jour qu'ils étaient sortis ensemble en voiture, la voyant mieux disposée que de coutume, le comte donna l'adresse de sa mère au cocher dans l'espoir qu'elle s'y laisserait entraîner. La belle comtesse ne dit pas un mot, mais comme sa voiture traversait un pont, elle retira vivement ses souliers et les lança dans l'eau.

— Je ne pense pas, dit-elle, que vous me forcerez à marcher pieds nus.

Au moment où elle occupait tout Paris de son luxe et de sa beauté, la duchesse Tascher de la Pagerie, dont le mari était premier chambellan de l'Impératrice et qui organisait toute sorte de fêtes et de bonnes œuvres, alla prier la comtesse de Castiglione de faire partie d'un tableau vivant, où devaient paraître d'autres personnes du monde, dans un concert donné pour les pauvres. Après s'être fait beaucoup prier elle consentit, à la condition de choisir son rôle et son costume.

Trop heureuse de pouvoir l'annoncer sur le programme du concert, la duchesse accepta ses conditions! On la laissa tout ordonner, et le soir de la représentation, elle apparut assise à l'entrée d'une grotte, sous la robe brune d'un ermite, qui l'enveloppait comme un sac et dont le capuchon rabattu lui cachait le visage. On s'attendait à quelque surprise. Mais elle resta immobile et sans faire un geste, jusqu'à ce que la toile fût retombée. Une partie du public qui avait compté sur une exhibition beaucoup plus agréable, trouva cette plaisanterie de mauvais goût et on le lui laissa voir.

Elle ne craignait cependant pas de produire sa

beauté et on la vit paraître presque sans voile, à un bal costumé du ministère de la marine, où, sous les atours de Salambô, on put admirer tout ce qu'il n'est pas d'usage de montrer dans les salons.

Le docteur Arnal, médecin de l'Empereur, que j'aimais beaucoup et qui suivait souvent la cour, à Fontainebleau ou à Compiègne, me racontait une visite qu'il eut occasion de lui faire. Elle était fort malade au Havre et avait prié monsieur Arnal de venir lui donner ses soins. Le bon docteur avait une clientèle nombreuse et ne pouvait s'absenter de Paris pour longtemps. Il s'arrangea donc pour arriver au Havre le matin et à neuf heures, il se présentait à l'hôtel habité par la comtesse. On le pria de repasser, la comtesse n'étant pas encore visible. Au bout d'une heure il revint, sans pouvoir être reçu, et d'heure en heure il en fut ainsi, le docteur insistant pour entrer parce qu'il fallait qu'il repartît, et la comtesse lui faisant dire qu'elle allait le voir.

Enfin, à une heure de l'après-midi, comme il déclarait qu'il ne reviendrait plus, on l'introduisit. Parée comme une idole, la comtesse de Castiglione, fort malade en effet, était sur un lit couvert de dentelles et de fourrures avec une coiffure haute, comme pour aller au bal, les cheveux semés de diamants, éblouissante dans la pâleur de la fièvre, et portant sur elle tout un écrin. Le docteur Arnal était un vieillard et rien en lui, ne semblait fait pour éveiller l'esprit de conquête de cette dédaigneuse beauté. Il portait ses cheveux d'une façon très singulière, ramenés en avant dans un petit nœud plat qui les faisait tenir sur le front. Il avait une excellente situation à la cour, comme homme autant que comme médecin. Il jouissait de la confiance de l'Empereur et de l'Impératrice, qui en faisaient grand cas. On fut très attristé de sa mort, car il avait infiniment de science, de cœur et d'esprit.

A un des derniers bals costumés des Tuileries, l'Impératrice s'était fait faire le costume que porte la Reine Marie-Antoinette, dans le beau portrait de madame Lebrun, en velours rouge garni de fourrures, avec la grande toque à plumes.

Madame de Castiglione qui, depuis longtemps, ne venait plus à la cour, était parvenue à so procurer une invitation on ne sut par qui. Elle parut vêtue de noir, admirablement belle, avec le costume de veuve de Marie de Médicis. Fort peu de personnes la virent, car elle ne pénétra pour ainsi dire pas dans les salons. On savait qu'elle n'était pas au nombre des personnes invitées. Un chambellan alla lui offrir son bras et la ramena à sa voiture. Elle fut ainsi, du nombre des personnes « reconduites. »

Cet accident, fort rare du reste, arriva cependant à quelques personnes. Une autre dame eut ce désagrément. Elle s'était fait l'écho d'un propos outrageant pour une jeune fille fort belle, qui se trouvait de l'intimité officielle des Tuileries, par suite de la haute situation de son père. Dans un bal, au milieu d'un groupe nombreux, cette dame, fit le récit de la naissance mystérieuse d'un enfant, en ajoutant les détails les plus précis sur cet événement et nommant la personne.

La marquise de Latour Maubourg, dame du Palais de l'Impératrice, qui était parmi ses auditeurs, lui fit remarquer que c'était une supposition odieuse, faite pour perdre une jeune fille, et que pour avancer des faits semblables, il fallait en être plus que certain. La dame renouvela ses affirmations.

— J'en suis absolument sûre, dit-elle, et il n'y a pas huit jours, que tout cela s'est passé chez des amis à moi.

— Cela m'étonne d'autant plus, lui dit madame de Maubourg, que la voilà qui danse.

En effet, cette jeune fille, fraîche et jolie comme à son ordinaire, dansait fort gaiement dans le salon voisin.

La confusion de la dame fut grande, et madame de Maubourg, étant allée prévenir l'Impératrice, de ce qu'on osait raconter sur une personne qu'elle honorait d'une affectueuse sympathie et qu'elle recevait chez elle, un chambellan, sur l'ordre de l'Impératrice, vint prévenir cette personne que sa voiture l'attendait. A partir de cette époque elle fut rayée des listes d'invitation. Mais elle ne renonça pas pour cela à venir aux Tuileries, où on la revit les jours de réception ouverte.

Pendant le carême on ne dansait plus à la cour. Il y avait quatre concerts. C'était le comte Bacciocchi, surintendant des théâtres, et l'aimable monsieur Auber, le grand compositeur, qui organisaient ces fêtes musicales où l'on entendait tous les artistes en renom. L'Impératrice n'était pas musicienne. Le sentiment artistique chez elle était développé surtout pour la peinture et les œuvres littéraires.

Monsieur Auber était aussi maître de chapelle aux Tuileries. Il était déjà d'un âge avancé, étant mort à Paris en 1870, après le Quatre-Septembre. L'Impératrice, causant familièrement avec lui un soir, lui demanda s'il n'avait jamais regretté de ne s'être pas marié.

— Jamais, Madame, lui répondit le spirituel vieillard, et je le regrette d'autant moins maintenant, que je pense que madame Auber aurait tout près de quatre-vingts ans.

Le vendredi saint on chantait le *Stabat* dans la chapelle des Tuileries. Les femmes venaient sur une invitation, en toilette de deuil décolletée, avec des voiles de dentelle noire.

Après Pâques le mouvement mondain recommençait, mais c'était alors d'une façon plus intime et véritablement amusante. On n'avait plus à se préoccuper des lois de l'étiquette, des droits et préséance, et l'Impératrice pensait à la jeunesse, dont le rôle était un peu sacrifié dans les grands raouts officiels. Ce que l'on appelait les petits Lundis de l'Impératrice était les plus jolis bals que l'on puisse voir. Ils se donnaient dans les appartements particuliers de l'Impératrice, avec les danses installées dans les salons du premier Consul et d'Apollon.

Il n'y avait guère que cinq ou six cents invitations. L'animation, l'élégance de ces réunions, en faisaient les fêtes les plus recherchées de Paris.

Un de ces bals eut lieu peu de temps après mon arrivée à la cour. Je portais en blanc le deuil de mon père et naturellement je ne dansais pas. Lorsque l'Impératrice fut entrée dans les salons les danses commencèrent. Je me souviens que je vis alors pour la première fois la Comtesse de Pourtalès et la Marquise de Gallifet. Elles se faisaient vis-à-vis dans le même quadrille. Il était impossible de voir rien de plus charmant, que ces deux personnes de beauté différente, ayant l'une et l'autre une beauté différente avec beaucoup de charme, de gaieté et d'élégance. Il y avait, du reste, à ce moment dans la société de Paris, une réunion de femmes belles et jolies qui justifiaient bien la renommée brillante de la cour des Tuileries. Les années sont venues. La plupart d'entre elles conservent encore, avec les traditions de leur jeunesse, une bonne grâce dans les façons, une amabilité, une distinction d'esprit que la génération nouvelle peut leur envier.

Là, bien des mariages se sont noués, plus d'une jeune fille y a trouvé un avenir fortuné; et la bienveillance des souverains a souvent, d'une union difficile et désirée, fait une réalité heureuse. Quelques autres de ces mariages ne réussirent pas, comme on pouvait l'espérer.

La Princesse de Beauffremont, dont la séparation fit tant de bruit, était une des jeunes filles à qui l'Impératrice s'intéressait.

Mademoiselle Valentine de Chimay avait une situation difficile dans sa famille, prétendait-elle. Elle sut captiver la sympathie de l'Impératrice par le charme de son esprit, l'extrême sensibilité qu'elle exprimait d'une façon tout à fait séduisante, plus encore que par les agréments de sa personne, car elle était peu jolie, avec les traits forts, une épaule légèrement plus élevée que l'autre et la démarche lente et gênée. Pourtant c'était une sirène. Aucune femme ne sut exercer plus de séduction et conduire à son gré sa famille, ses amis, l'opinion publique, le monde, les magistrats les plus graves, quand vint l'heure des difficultés légales; tous ceux, en un mot, auxquels elle voulut plaire et dont elle eut besoin. Elle était fine, déliée, avec un caractère extraordinairement énergique, un esprit éminent et charmeur, maniant habilement toutes les armes, et se servant même de sa santé délicate, pour arriver au but qu'elle souhaitait. Elle inventa le divorce; et ne pouvant l'appliquer avant la loi, elle sut avec une habileté merveilleuse, tourner toutes les difficultés d'une situation délicate et conserver fortune, enfants et surtout l'homme charmant dont la chevaleresque affection, l'inspira dans tant de luttes et de combats. Le Prince Georges Bibesco, dont elle est aujourd'hui la femme, même en France, grâce à la loi de M. Naquet, était en effet, un des hommes les plus agréables qu'on pût rencontrer.

Quant au Prince de Beauffremont, c'était un soldat assez rude et connu pour tel.

Après la naissance de deux filles, le Prince de Beauffremont partit pour le Mexique. C'est à dater de ce moment que la Princesse commença à parler à quelques amis de tout ce qu'elle avait à souffrir dans son ménage, tout en continuant d'écrire à son mari des lettres pleines de tendresse, qui furent lues lors des procès, car il y en eut plusieurs, qui défrayèrent longuement la chronique.

A son retour, le Prince de Beauffremont trouva sa femme dans des dispositions très différentes de celles qu'il pouvait attendre, après la correspondance échangée. Les difficultés commencèrent!

La Princesse était grande musicienne, elle écrivait d'une façon très remarquable et sa correspondance pourrait soutenir la comparaison, avec celle des femmes les plus en renom du siècle dernier. Elle tenait passionnément à son rang et recevait ses visiteurs assise dans une sorte de chaire, comme les châtelaines du moyen âge, occupée à filer au rouet. Cela surprenait bien un peu à Paris, en plein xixe siècle. Mais elle sut intéresser un grand nombre de personnes aux infortunes de son ménage, dont elle ne craignit pas de déchirer publiquement les voiles.

Elle s'était créé une intimité d'hommes dont l'influence et le crédit lui permirent de disposer à son gré, de l'opinion de tel ou tel cercle dont elle pensait avoir besoin, et les fanatisa. Quatre surtout, fort liés ensemble et l'entourant constamment, toujours prêts à la soutenir, se seraient fait tuer pour elle.

C'est un miracle si le Prince de Beauffremont n'y a pas laissé la vie. Il n'y eut pourtant qu'un seul duel entre tous ces champions. Elle a mal payé le dévouement de ses amis; elle chercha même à faire épouser à l'un d'eux, une personne de condition très vulgaire, qui avait été un instrument utile, au milieu de toutes les combinaisons qu'elle dut imaginer, pour reprendre sa liberté. Enfin, elle quitta la France avec ses enfants, presque en fugitive.

Elle se fit dénationaliser, débaptiser et put à ce prix épouser en Valachie le Prince Georges Bibesco, dont le père fut hospodar.

Le mariage du Prince héréditaire de Monaco

avec la fille de la Duchesse d'Hamilton, cousine de l'Empereur par sa mère la grande Duchesse Stéphanie de Bade, eut aussi une heure de triste célébrité.

Lady Mary Donglas était une aimable et jolie jeune fille, et son mariage fut célébré à Marchais, la résidence du Prince de Monaco, en 1869, je crois.

Je me la rappelle fort gaie alors, faisant part de son mariage à toutes ses amies, auxquelles elle montrait avec complaisance les séductions de la corbeille. On ne pouvait guère se douter en la voyant calme et riante, qu'elle était une victime traînée à l'autel.

C'est cependant ce que la Duchesse d'Hamilton a juré sur les Évangiles, en cour de Rome, pour obtenir l'annulation du mariage de sa fille plusieurs années après, alors qu'elle avait un enfant de trois ou quatre ans. Le Prince de Monaco, avait le titre de Duc de Valentinois, qu'il ne portait pas. Il a gardé son fils, qu'il élève auprès de lui. Après la rupture du mariage, Lady Mary Donglas épousa un officier de l'armée autrichienne, de très grande famille et fort riche, le

comte Festetich. La duchesse d'Hamilton était
une mère passionnée comme on en voit trop,
pour le repos des jeunes ménages. Elle souffrait
d'une maladie de cœur qui s'était développée après
la mort tragique de son mari, qu'elle idolâtrait et
semblait toujours mourante. A son insu, le duc
d'Hamilton avait la terrible habitude de s'eni-
vrer. Presque chaque soir, sous prétexte d'aller
au cercle, il sortait et enfermé dans un cabinet
de restaurant, il y buvait seul.

Il arriva qu'un soir, plus gris que de coutume,
il chancela dans l'escalier de la Maison-d'Or et fit
une chute si malheureuse, qu'il resta sur le coup.

On le releva et on le transporta à l'hôtel Bris-
tol. Une congestion cérébrale s'était déclarée, et
c'est là que le duc d'Hamilton mourut, peu de
jours après, sans avoir repris connaissance.

L'Impératrice remplit la triste mission d'annoncer elle-même, ce malheur à la Duchesse.

A la fin de l'Empire les fils du duc d'Hamilton
étaient devenus des jeunes gens. Fort riches,
indépendants, ils se jetèrent dans la vie de plaisir.
Ils ignoraient les circonstances particulières de
la mort de leur père et l'Impératrice apprit que

souvent, ils organisaient de joyeux soupers dont la Maison-d'Or était le théâtre. Tout le monde, à Paris, avait connu cette aventure et on se montra choqué de ce rapprochement, entre la mort sinistre du père et les parties bruyantes des fils, dans le même lieu. L'Impératrice dut leur faire connaître ce qui s'était passé. Ils quittèrent la France. L'un d'eux est mort. L'aîné le Duc d'Hamilton actuel vit en Angleterre. La Duchesse d'Hamilton vient de mourir elle-même à l'âge de 72 ans.

CHAPITRE IX

Le Mexique. — Origines de la guerre. — Départ de la flotte — L'amiral Jurien de La Gravière. — M. Tenaille de Saligny. — Esprit de l'expédition. — Traité de la Soledad. — Les négociations. — Le général Prim. — Le général Lorencez. — Padre Miranda. — Les puissances se retirent. — Conflit des pouvoirs. — Retour de l'amiral Jurien de La Gravière. — Son retour. — L'amiral est nommé aide de camp de l'Empereur. — Son rôle le 4 septembre. — Maximilien empereur du Mexique. — L'Archiduchesse Charlotte. — Leur voyage à Paris. — Bases de traité. — Retour à Miramar. — Départ pour le Mexique. — Arrivée à la Vera-Cruz. — Difficultés. — L'Impératrice Charlotte à Saint-Cloud. — Un verre d'orangeade. — Maladie de l'Impératrice Charlotte. — L'Empereur Maximilien au Mexique. — Son procès. — Sa mort. — Fin de l'Impératrice Charlotte.

La guerre du Mexique fut une des fatalités de l'Empire. Ses origines, obscures et presque insaisissables, remontent à l'année 1858 environ.

On y fut entraîné de proche en proche, comme

on l'a été depuis dans d'autres expéditions lointaines.

Il est bien difficile de ressaisir le fil délié de toute cette aventure, où bien des gens ont été compromis et ruinés, qui coûta beaucoup d'hommes, d'argent, aboutit si fatalement au drame de Queretaro et devint peut-être l'origine des événements, qui précipitèrent la chute de l'Empire.

Quelques familles mexicaines, dépouillées et chassées par des guerres civiles continuelles, arrivèrent à Paris. Leurs intérêts avaient été lésés ; des nationaux français, espagnols, anglais, avaient également souffert. Ils unirent leurs revendications et obtinrent de leurs gouvernements respectifs, une intervention collective auprès du gouvernement mexicain.

A cet effet, une conférence se réunit à Londres et obtint du congrès la promesse de payer des indemnités. Mais le temps s'écoula, les troubles continuèrent et le gouvernement mexicain, à bout de ressources, excédé par les revendications qu'on le pressait de satisfaire, déclara qu'il n'était pas en mesure de payer et qu'il ne paierait pas.

On s'était beaucoup agité autour de cette question, les puissances virent une insulte dans le mépris que le gouvernement mexicain semblait faire de ses engagements, et, d'un commun accord la France, l'Angleterre et l'Espagne, convinrent de se réunir dans une démonstration énergique, pour exiger l'exécution de la convention.

L'amiral Jurien de La Gravière fut choisi pour commander l'expédition française et il partit pour la Vera-Cruz, avec les pouvoirs les plus étendus, pour traiter comme chef militaire et comme ministre plénipotentiaire. Le but de l'expédition était une revendication financière ; l'amiral demanda expressément à rester en dehors des discussions ayant rapport au contentieux et on lui adjoignit M. Tenaille de Saligny, ancien ministre au Mexique, qui fut spécialement chargé du côté technique et financier de l'entreprise.

L'amiral avait conféré directement avec l'Empereur avant son départ. Il avait bien saisi la pensée du souverain, qui était celle-ci : faire respecter par le gouvernement mexicain la convention d'indemnité réclamée par les puissances et profiter du prestige, qui s'attachait au nom français, d'après tous les renseignements donnés par les Mexicains que l'on voyait à Paris, pour établir des relations favorables à notre industrie, ouvrir des débouchés considérables dans un pays riche et neuf, et permettre ainsi à l'influence française de s'exercer dans cette région très importante du nouveau monde, dans un moment qui semblait particulièrement opportun, tout le trafic américain étant arrêté par suite de la guerre de sécession, entre les deux Amériques.

En arrivant à la Havane, l'amiral Jurien apprenait que la flotte espagnole nous avait devancés et se trouvait déjà à la Vera-Cruz.

Quant aux Anglais, préoccupés par les complications qui semblaient les menacer du côté de l'Amérique, l'affaire du Mexique n'avait plus qu'un intérêt secondaire et ce fut avec beaucoup de négligence et d'hésitation, qu'ils se décidèrent à continuer l'expédition entreprise de concert avec les Espagnols et avec nous, prêts à se retirer dès que leurs intérêts leur sembleraient plus pressants ailleurs. Il avait été convenu qu'on ne ferait aucune démonstration hostile et qu'on se bornerait, au début à négocier, en mettant toutefois la main sur les douanes comme gage, si on n'obtenait pas les satisfactions pécuniaires attendues.

Néanmoins l'arrivée de l'escadre espagnole avait jeté l'alarme dans le pays; on avait considéré cette démonstration navale comme une menace d'agression. Pendant de longues années les Espagnols avaient occupé le Mexique en y laissant de redoutables souvenirs. On les considérait comme l'ennemi héréditaire, et fuyant devant eux, on avait évacué non seulement les forts et la ville, mais le littoral, sur une zone qui s'étendait presque jusqu'à Mexico, en enlevant tous les moyens de transport et de ravitaillement.

Nos troupes débarquèrent dans un désert. On nous avait fait espérer un tout autre accueil et l'on se trouva dès l'abord, fort embarrassé pour faire vivre le petit corps d'occupation. Cependant les membres du congrès se montrèrent disposés à favoriser le séjour des Français, dont la présence rassurait le gouvernement et la population mexicaine, sur l'avenir pacifique des négociations. La présence de notre flotte apaisait les inquiétudes et on se montra disposé à nous bien accueillir.

En conséquence, et pour assurer le bien-être

du corps expéditionnaire, l'amiral Jurien conclut la convention dite de la Soledad, qui laissait aux Français l'occupation d'une zône assez éloignée du littoral, condition favorable à la santé des équipages, et où l'on pouvait se procurer aisément tout ce qui est nécessaire à la vie. Néanmoins, le gouvernement mexicain, malgré l'esprit de concorde que l'amiral apporta dans toutes ses opérations, stipula que si des hostilités venaient à se déclarer, l'expédition française s'engageait à rétrocéder les lignes occupées et à se retirer vers le littoral.

L'amiral Jurien prit l'engagement d'honneur que ces conventions seraient respectées, et l'on entama les pourparlers non sans de nombreuses difficultés, car il fallait non seulement s'entendre avec le congrès, mais accorder les prétentions des trois plénipotentiaires.

Le général Prim, qui dirigeait l'expédition espagnole, particulièrement turbulent, semblait surtout préoccupé à se ménager des influences personnelles. Parent par sa femme d'une famille mexicaine considérable dans le pays, précédé d'une réputation pompeuse, on lui attribuait des espérances ambitieuses. De plus le maréchal Serrano, qui à cette époque dirigeait la politique espagnole, n'était pas fâché, disait-on, de voir un général aussi remuant occupé au loin. Le commandant de l'escadre anglaise semblait beaucoup plus attentif, au bruit lointain des canons des États-Unis, que préoccupé d'une entente. L'Amiral se trouvait donc dans une situation très délicate, dirigeant à peu près seul les négociations s'attachant par dessus tout, à leur laisser un caractère pacifique. Le Congrès paraissait disposé à accepter les représentations des puissances, mais en essayant toujours de gagner du temps, ce qui troublait et indisposait les négociateurs.

Monsieur de Saligny, de son côté, mécontent du rôle effacé auquel le réduisait la présence de l'amiral Jurien de La Gravière, et ayant conservé beaucoup de relations dans le pays, écrivait lettres sur lettres à Paris, disant que l'on se plaignait de la prudence avec laquelle il agissait, que l'on avait espéré tout autre chose de notre intervention, etc., etc. Il réussit à impressionner le gouvernement de telle façon, que l'amiral reçut un courrier de France, lui annonçant l'arrivée d'un renfort militaire, destiné à appuyer et à hâter ses revendications. On lui adjoignait le général Lorencez. En même temps, et pour ménager sa dignité, on l'élevait au grade de vice-amiral, ce qui lui laissait la suprématie du commandement.

Au moment où ces nouvelles troupes, fort peu nombreuses du reste, arrivaient à la Vera-Cruz, l'Angleterre et l'Espagne, fatiguées d'attendre, rompaient brusquement les négociations et se retiraient, en alléguant l'attitude du gouvernement mexicain, qui cherchait encore des échappatoires, leur gouvernement respectif ne voulant pas s'engager dans une action belliqueuse.

Le général Lorencez, tout nouvellement débarqué et n'étant pas encore au fait des difficultés locales, commit l'imprudence d'accorder la protection du pavillon français, à des réfugiés mexicains, que le gouvernement faisait poursuivre, entre autres au padre Miranda, qui joua un rôle si atroce dans la mort de l'Empereur Maximilien. Le gouvernement s'en émut, fit des réclamations; on ne voulut pas livrer des malheureux qui s'étaient confiés à nous. Ces petites questions envenimèrent les relations, et l'amiral Jurien vit se dresser l'hostilité, qui, depuis l'intervention des puissances étrangères grandissait, fomentée par l'ambition de Juarès, le président du congrès. Se voyant menacé dans la voie révolutionnaire où il prétendait entraîner le pays, au nom d'un intérêt de patriotique indépendance il cherchait à soulever l'opinion publique contre les Européens.

L'amiral Jurien, prévoyant les difficultés et les périls auxquels on resterait exposé, si on s'obstinait à rester seuls, lorsque les autres puissances jugeaient prudent de se retirer, insistait dans ses dépêches, sur la nécessité d'une prompte évacuation. Ses avis ne prévalurent pas.

L'Amiral alors, sans cependant se démettre de son commandement, demanda à revenir en France, afin d'expliquer sa conduite et d'exposer directement ses vues à l'Empereur. On lui envoya son rappel, et dès son arrivée à Paris il était reçu.

On l'avait invité à dîner en petit comité afin de pouvoir l'entretenir plus longuement.

On pensait à la cour, que son attitude en opposition avec les idées que l'on se faisait en France de l'état de la question mexicaine, avait dû indisposer l'Empereur.

Quand l'Amiral arriva, tous les visages prirent l'expression d'une froideur glacée. Bientôt l'Empereur parut et voyant l'Amiral, il alla au devant de lui les mains tendues, lui fit un accueil plein de bienveillance et l'entretint longuement et amicalement.

Lorsque l'Empereur cessa l'entretien, tous ceux qui se détournaient, vinrent alors vers l'Amiral, s'empressant et le félicitant de la façon si remarquable dont il avait rempli sa mission. Le soleil, lorsqu'il se dégage du milieu des nuages et qu'il éclaire tout à coup l'horizon, a de ces effets magiques. C'est un des rares traits de courtisanerie que j'aie remarqué à la cour. Il s'opéra avec un revirement si prompt et si marqué, que j'en ai conservé un plaisant souvenir.

L'expédition du Mexique, en se compliquant, causait de graves soucis à l'Empereur. En France on ne sait pas avouer qu'on a eu tort et quand le drapeau est engagé, il semble qu'il y ait plus d'honneur à aller au devant d'une défaite, qu'à convenir loyalement qu'on a pu se tromper.

Plût à Dieu que l'Empereur eût renoncé à cette malheureuse expédition.

L'amiral Jurien de la Gravière ne retourna pas au Mexique. Il fut nommé aide de camp de l'Empereur, qui lui montrait beaucoup d'estime et de confiance. Son caractère ouvert, son érudition distinguée, l'agrément de son esprit, ses façons charmantes lui concilièrent promptement toutes les sympathies, et l'Impératrice le considéra bientôt comme un ami, avec lequel elle aimait à s'entretenir et à penser tout haut.

L'Empereur, au moment de son départ pour la campagne de 1870, demanda à l'amiral Jurien de la Gravière de rester auprès de l'Impératrice. L'Amiral eut la douleur de ne pas accompagner Sa Majesté au moment où elle quitta les Tuileries.

Depuis le matin le château était rempli de monde. Chacun y entrait à son gré pour se renseigner, se mettre aux ordres de l'Impératrice. Plus de cent personnes s'y trouvaient au moment de son départ. Les femmes y étaient nombreuses, et chacune souhaitait que l'Impératrice voulût bien la choisir pour l'accompagner.

Mais l'Impératrice n'accepta pas, qu'aucun des Français qui l'entourait alors, s'exposât pour elle.

C'est ainsi qu'elle ne voulut à aucun prix permettre à l'amiral Jurien de la suivre. Elle se confia aux ambassadeurs d'Autriche et d'Italie, sachant qu'ils seraient respectés, et elle n'emmena avec elle que madame Lebreton Bourbaki, sa lectrice, que son âge et sa situation rendaient indépendante.

Après le retour de l'amiral Jurien de la Gravière, l'expédition du Mexique prit un caractère nouveau. Le général Forey fut nommé commandant en chef. Il eut sous ses ordres un corps d'armée important. La campagne fut menée avec vigueur et de nouvelles et brillantes victoires vinrent couronner les efforts de nos soldats.

Après le succès de nos armes, le prestige de la France, l'autorité que le nom de Napoléon III avait dans le monde entier, réunirent autour de l'influence française, tous les gens d'ordre très nombreux au Mexique. Ils étaient fatigués des exactions scandaleuses, des troubles révolutionnaires, qui paralysaient le pays depuis tant d'années. L'idée d'une transformation politique attira à elle un parti considérable. Juarès, qui avait fomenté et soutenu la guerre contre nous, battu sur tous les points, entouré seulement de quelques guerillas et de quelques partisans fanatiques de l'indépendance mexicaine, était réduit à l'impuissance, il fut obligé de faire sa soumission, et le pays se leva pour demander à l'Empereur d'intervenir dans les arrangements intérieurs, afin d'établir une sécurité durable dans ces riches contrées, déchirées par le désordre et l'anarchie. On rêva de créer un état monarchique capable de lutter dans le nouveau monde avec l'influence des États-Unis. Ici intervint l'influence sympathique de l'ambassadeur d'Autriche.

Depuis la guerre d'Italie les idées s'étaient modifiées. Préoccupé du grand bruit d'armes, qui se faisait en Prusse à l'occasion de l'annexion des duchés, l'Empereur semblait incliner vers l'alliance autrichienne. On proposa la candidature de l'Archiduc Maximilien, qui parut agréable aux puissances, et au mois d'octobre 1863 une députation mexicaine arrivait à Miramar, pour offrir au frère de l'Empereur d'Autriche la couronne impériale du Mexique.

L'Archiduc Maximilien, né le 6 juillet 1832, grand Amiral et Commandant de la marine impériale d'Autriche, exerçait, au moment de la guerre d'Italie, le commandement de la Lombardie. Il avait épousé le 27 juillet 1859 la Princesse Charlotte, dernière fille du Roi des Belges, et de la Princesse Louise d'Orléans. La jeune Princesse, d'un caractère énergique, aventureux, d'un esprit cultivé et douée de facultés supérieures, vit avec enthousiasme s'ouvrir devant son mari, dont le rôle était forcément un peu effacé et qui se trouvait relégué au second plan à la cour impériale d'Autriche, une destinée plus haute. Elle le voyait créant un grand empire et rattachant à la civilisation, une des plus riches contrées du globe.

L'Archiduc Maximilien avait une âme chevaleresque, un esprit bienveillant et droit : il accepta en principe le trône qui lui était offert. Il s'occupa de négocier pour s'assurer l'appui des souverains de l'Europe et jeter les premières bases des alliances, qui devaient l'aider à créer un nouvel État.

L'assentiment de l'Autriche lui était assuré. La Princesse Charlotte, sa femme, était la fille bienaimée du vieux Roi Léopold, qui fut pendant de si longues années l'arbitre des souverains et l'appui de la France était tout indiqué.

Maximilien et l'Impératrice Charlotte vinrent à la cour des Tuileries. Jeunes et sympathiques, pénétrés de la grandeur de la tâche qui s'offrait à eux, ils plurent tous deux.

L'Empereur consentit à laisser au Mexique pendant trois ans, un corps d'occupation de 25 mille hommes, qui rentrerait en France à mesure que l'armée mexicaine serait organisée ; à charge pour le pays de payer d'abord 60 millions à titre d'indemnité de guerre, plus 25 millions par an, jusqu'à concurrence de 270 millions pour le remboursement de l'emprunt. Les principales banques de l'Europe ouvrirent leurs caisses, et avec la garantie du gouvernement français, on conclut un emprunt, destiné à payer toutes ces grosses dépenses.

Maximilien s'assura le concours d'officiers qui reçurent l'autorisation de servir au titre étranger pour organiser l'armée mexicaine, et s'étant mis d'accord sur les points principaux d'un traité, il s'apprêta à retourner à Miramar, où devait avoir lieu l'investiture, en passant par Rome afin de régler, avec le souverain pontife, différents côtés de la question religieuse.

Le 16 avril, de retour à Miramar, où vint le rejoindre une députation de notables mexicains, l'Archiduc Maximilien acceptait la couronne. La cérémonie du couronnement avait lieu aussitôt en présence du général Frossard, délégué par l'Empereur pour le représenter à cette cérémonie, ainsi que des délégués des autres puissances, et Maximilien prenait le titre d'Empereur du Mexique.

Peu après les nouveaux souverains quittaient leur patrie, à bord de la frégate la *Novara*, avec deux frégates françaises pour escorte et faisaient voile vers le nouvel empire. Une escorte composée de soldats belges, français et autrichiens qui les accompagnait, prit le nom de garde de l'Impératrice Charlotte.

Après une heureuse traversée la flotte arrivait le 27 juillet à la Vera-Cruz, où l'Empereur et l'Impératrice étaient accueillis avec un enthousiasme, fait pour les encourager dans la tâche qu'ils allaient entreprendre. On leur offrit la couronne des Rois astèques, religieusement conservée depuis la chute de l'antique dynastie, comme au Prince qui, d'après une ancienne prophétie, devait venir d'Occident, régner sur le Mexique; et l'Empereur, réunissant autour de lui tous ceux dont le concours pouvait l'aider, se mit courageusement en demeure de fonder le nouvel état.

La pensée se reporte avec mélancolie vers ces deux jeunes époux, quittant pour un étrange et incertain empire l'Europe, leur famille, leurs amis; cette charmante retraite de Miramar, où sur les bords de l'Adriatique, au pied des montagnes du Tyrol, dans un des plus beaux sites du monde, ils s'étaient plu à créer un palais merveilleux, qui abritait leur tendre et paisible union.

En 1866 l'engagement pris par l'Empereur de laisser un corps d'occupation au Mexique, expirait. Les troupes durent être rappelées. Maximilien livré à ses seules ressources se trouva dès lors en face de difficultés inouïes.

Dès que le corps d'occupation avait été retiré, les espérances des révolutionnaires qui exploitaient habilement contre Maximilien son titre d'étranger, se réveillèrent et le pays, insuffisamment organisé, déchiré par la violence des partis au milieu des difficultés d'une organisation qui commençait à peine à fonctionner, se trouva plongé dans un désordre, qui devenait menaçant pour la sûreté même de l'Empereur.

Maximilien mit un point d'honneur à ne pas abandonner le poste qu'il avait accepté. On dit que, prévoyant les événements, il voulut soustraire l'Impératrice au sort qui l'attendait près de lui et qu'elle eut voulu partager, et que c'est ainsi qu'il lui suggéra la pensée de venir en Europe, afin d'obtenir des forces nouvelles, capables de maîtriser la révolution et de l'aider à accomplir sa tâche.

C'était au mois d'août 1866. L'Impératrice Charlotte, tout nouvellement débarquée, était arrivée la veille même à Paris, et sans prendre aucun repos, après une traversée pénible, elle avait demandé à l'Empereur de la recevoir aussitôt.

Les voitures de la cour allèrent la prendre à son hôtel et, avec une escorte de souveraine, l'Impératrice du Mexique arrivait vers deux heures à Saint-Cloud.

L'Empereur et l'Impératrice allèrent au-devant d'elle au bas des degrés et ce fut avec une profonde émotion que ces trois personnes se retrouvèrent après tant d'événements funestes, un contraste si cruel, entre les espérances du départ et les douleurs du retour.

L'Empereur et l'Impératrice, l'Impératrice Charlotte montèrent l'escalier d'honneur du palais, et, après les présentations d'usage rapidement terminées, se dirigèrent vers le cabinet de l'Impératrice, où ils s'enfermèrent tous trois seuls pour causer.

Toute la personne de l'Impératrice du Mexique, qui n'avait alors que 26 ans, révélait de longs chagrins, de profondes inquiétudes. Grande, d'une taille élégante et noble, l'Impératrice avait le visage rond, de beaux yeux bruns à fleurs de tête et des traits gracieux. Elle portait une longue robe de soie noire, encore fripée des plis de la caisse, dans laquelle elle avait été enfermée pendant la traversée et d'où on avait dû la retirer à la hâte, sans prendre le temps de la rafraîchir; une mantille de dentelles noires, et un chapeau blanc très habillé, que l'on avait envoyé chercher le matin même, chez quelque grande faiseuse. La chaleur, ce jour-là, était écrasante, et soit l'effet du long trajet en voiture sous le soleil pour venir de Paris à Saint-Cloud, soit le fait des émotions qui l'agitaient, l'Impératrice avait le teint extrêmement coloré.

Elle avait avec elle deux dames d'honneur mexicaines fort laides, noires et petites, sans grâce, qui l'accompagnaient dans son voyage et qui parlaient difficilement le français. Tandis que les souverains s'entretenaient longuement et sans témoins, nous nous efforcions de faire des frais pour ces deux étrangères, qui semblaient très effarouchées. J'étais parvenue à échanger quelques phrases avec l'une d'elles et afin d'abréger les moments de cette longue attente, nous leur avions offert quelques rafraîchissements.

La dame mexicaine me pria d'envoyer de l'orangeade à l'Impératrice Charlotte, qui avait l'habitude d'en prendre à cette heure de la journée, me dit-elle. Aussitôt je donnai l'ordre à un des maîtres d'hôtel qui se trouvaient là, de porter chez l'Impératrice le plateau préparé.

L'Impératrice contrariée de l'arrivée de cet homme dans un pareil moment, lui demanda pourquoi il apportait ce plateau.

Il répondit qu'il le faisait sur mon ordre. L'Impératrice servit elle-même l'orangeade, et elle dut insister pour que l'Impératrice Charlotte, qui paraissait hésiter, acceptât.

Après le départ de l'Impératrice Charlotte, l'Impératrice me demanda pourquoi j'avais envoyé cette orangeade et me dit que l'Impératrice avait semblé contrariée et n'avait bu que sur ses instances. Je lui expliquai ce qui s'était passé. L'Impératrice pensa que la dame d'honneur avait eu trop de zèle, et que l'Impératrice Charlotte avait été gênée de ce petit incident, au milieu d'un entretien si grave.

Pendant deux heures l'infortunée Princesse, avec l'éloquence, le courage, la persuasion que l'on trouve dans les grandes infortunes, exposa à l'Empereur les difficultés terribles et les dangers, qui environnaient un Prince étranger, dans un pays livré aux agitations les plus révolutionnaires, au milieu d'une population presque sauvage, exposé aux trahisons de politiques ambitieux, familiarisés avec la violence et tous les excès. Les complications qui dès cette époque rendaient les affaires difficiles en France, liaient les volontés de l'Empereur; et cependant rien ne coûta plus à son cœur que d'abandonner un allié que lui-même avait si puissamment aidé, à placer sur ce trône dangereux. Il dut se borner à supplier l'Impératrice d'obtenir à tout prix que son mari renonçât à poursuivre une entreprise désespérée et revînt en Europe.

L'Empereur, en effet, fit tout au monde pour atteindre ce but. Mais Maximilien, considérait son honneur comme engagé. Il était résolu à aller jusqu'au bout de sa tâche; il repoussa énergiquement toute idée de retour.

La malheureuse Princesse, égarée par des illusions décevantes, ne pouvait se résoudre à abandonner ses espérances. Elle voulait essayer de nouvelles tentatives auprès de l'Empereur d'Autriche, auprès de son père le roi des Belges.

Elle voulait même aller jusqu'à Rome, afin d'obtenir le concours du saint-père; on prétend que déjà son esprit se troublait.

Elle quitta Saint-Cloud le visage bouleversé, les traits contractés par les larmes qu'elle étouffait, laissant l'Empereur et l'Impératrice sous la plus douloureuse impression.

Très peu de jours après cette visite on remarqua l'agitation de ses pensées. Elle tenait des propos incohérents et souffrant de la fièvre et de violents maux de tête, elle commença à dire qu'elle était empoisonnée et que certainement le verre d'orangeade, qu'elle avait bu à Saint-Cloud lui avait été fatal.

Enfin, Dieu miséricordieux lui enleva la raison et elle n'eut pas l'horrible douleur de connaître le sort de l'Empereur Maximilien, ce jeune et charmant époux, qu'elle adorait.

La nouvelle de la maladie de l'Impératrice Charlotte arriva au Mexique, au milieu des complications politiques les plus inquiétantes. L'Empereur Maximilien, souffrant lui-même, très fatigué par le climat, fut presque tenté de se réjouir d'une circonstance, qui ajournait forcément le retour de l'Impératrice. Le parti conservateur, s'appuyant sur l'Empereur, le conjurait de ne pas renoncer au trône, comme il en était sollicité par les avis qui lui venaient d'Europe, tandis que le parti républicain reprenant de la force, après le départ des troupes françaises, voulait obliger l'empereur à abdiquer et à quitter le pays. Le général Bazaine avait fait toute la campagne du Mexique comme commandant la première division, placée sous les ordres du général Forey.

Après le rappel de ce dernier, il fut nommé commandant en chef du corps d'occupation.

Étant devenu veuf par suite de circonstances particulièrement tragiques, il épousa en secondes noces une jeune fille appartenant à une bonne famille mexicaine. On l'accusa d'avoir cherché à se créer une situation personnelle prépondérante, dans le pays. Il prit vis-à-vis de l'Empereur Maximilien une attitude regrettable, s'appuyant sur le prestige du nom français, il entendait se poser en représentant direct de l'Empereur Napoléon. Les rapports étaient très tendus. Il y eut même des questions de préséance qui froissèrent l'Empereur Maximilien et l'Impératrice Charlotte et dont ils se plaignirent. Ainsi lorsque le Maréchal et madame Bazaine assistaient aux offices, ils exigeaient que le clergé vint au-devant d'eux et les reçut sous le dais, comme on n'a coutume de le faire que pour les souverains. Au moment de l'évacuation des troupes françaises, Bazaine publia un ordre du jour, par lequel tous les officiers et soldats qui avaient été autorisés à servir à titre étranger dans l'armée mexicaine, devaient rentrer en France avec le corps expéditionnaire, sous peine d'être considérés comme déserteurs. C'était jeter une grande perturbation dans des troupes de formation récente, où la plupart de nos nationaux occupaient des grades élevés ; se considérant comme liés par les engagements qu'ils avaient contractés dans l'armée de l'Empereur Maximilien, un certain nombre d'entre eux n'abandonnèrent pas son service et ils continuèrent à marcher, sous les ordres de Miramon et des généraux restés dévoués à Maximilien.

Près d'une année s'écoula à travers les péripéties les plus tragiques.

— Un vrai Habsbourg n'abandonne pas son poste au moment du danger, avait dit l'Empereur.

Environné de pièges, avec des troupes insuffisantes, à peine armées, l'Empereur soutint une guerre de partisans, sans trêve, sans merci, jusqu'à ce que, traqué de toute part, les dissidents vinrent l'attaquer à Queretaro, où il s'était retiré avec ce qui lui restait de troupes fidèles.

Parmi les généraux enfermés dans la place avec l'Empereur, se trouvait le général Lopez, que l'Empereur honorait de sa confiance. Son nom doit être désigné au mépris public, comme celui des traîtres les plus criminels. Le 15 mai 1867, il livrait la place à l'ennemi, et l'Empereur tombait aux mains de Juarez, cet ambitieux sauvage que l'arrivée de Maximilien au Mexique, avait momentanément réduit à l'impuissance.

Un procès dérisoire fut instruit, dans lequel l'Empereur était accusé de haute trahison, pour avoir tenté d'introduire au Mexique un pouvoir étranger. Mais sa mort était résolue par ces barbares, afin d'éloigner à jamais de l'esprit des puissances européennes, toute idée d'intervention dans les affaires mexicaines.

Accablé de mauvais traitements, épuisé par la maladie, livré sans secours possible à une bande d'aventuriers féroces, l'Empereur soutint cet inique procès et la condamnation à mort qui le termina, avec une grandeur d'âme, une fermeté qui toucha même le cœur de ses bourreaux.

S'oubliant lui-même, il n'exprimait de regrets que pour les amis qui s'étaient compromis dans sa cause, pour ce beau pays qu'il considérait comme une patrie nouvelle, et à laquelle il eût souhaité que sa mort, du moins, pût assurer la paix et la sécurité.

Le 19 juin 1867 au matin, après avoir entendu la messe et reçu les sacrements, l'Empereur Maximilien marchait au supplice, le front clair, la foi dans les yeux et n'ayant que de généreuses pensées, pour ce peuple auquel il avait espéré apporter l'ordre et la prospérité; au milieu duquel il venait finir si misérablement une si belle vie.

De lui-même, il se plaça au milieu de l'escorte venue pour le conduire à la mort. Il prit congé avec une sérénité affectueuse des amis qui ne s'étaient pas séparés de lui.

— La mort est plus facile qu'on ne pense, leur dit-il; je suis prêt.

Puis, arrivé au lieu de l'exécution, il distribua aux soldats qui allaient le fusiller un peu d'or qui lui restait.

— Tirez bravement, leur dit-il; puisse mon sang être le dernier répandu pour la patrie!

Ce furent ses dernières paroles.

Il mourut noblement en Prince, en chrétien, en soldat.

La nouvelle de cet horrible attentat fut connue à Paris, le matin même de la distribution des récompenses de la grande exposition de 1867. L'Empereur et l'Impératrice en ressentirent une profonde douleur.

Peu de jours avant l'assassinat de l'Empereur Maximilien, le bruit de la mort de l'Impératrice Charlotte s'était répandu au Mexique et avait été communiqué à l'Empereur. Il en avait éprouvé une sorte d'amère consolation. Il se sentait perdu.

— Dieu soit loué! avait-il dit. Du moins elle ne connaîtra pas les atrocités qui se préparent ici.

Le corps de l'Empereur fut embaumé par les soins de ses amis et ramené en Europe sur la frégate *la Novara,* le même navire qui, quatre ans auparavant, le conduisait vers cet empire dont la possession devait lui devenir si fatale. L'Empereur Maximilien avait trente-cinq ans.

L'Impératrice Charlotte vit en Belgique, où, longtemps calme et triste, portant inconsciemment ses habits de veuve, elle errait sans parler, dans la sollitude de Laeken, où s'était écoulée son enfance et où l'avait placée la sollicitude de sa belle-sœur, la Reine Henriette, qui veille sur elle avec le plus tendre attachement.

Maintenant cette belle intelligence est, dit-on, tout à fait éteinte, et de cette femme heureuse, aimée, de cette jeune souveraine noble et vaillante, il ne reste plus qu'une ombre affaissée, inconsciente de la vie qui se retire lentement.

CHAPITRE X

Les œuvres de l'Impératrice. — Orphelinat Eugène-Napoléon. — Les crèches. — Les salles d'Asile. — Les écoles — Les hôpitaux. — Les indigents. — Société de Charité maternelle. — Orphelinat du Prince Impérial. — Société du Prince Impérial. — Société de secours aux blessés des armées de terre et de mer. — Société de sauvetage maritime. — Caisse de retraites pour les invalides du travail. — Fourneaux économiques. — Les prisons. — Visite à Charenton. — Visite à la petite Roquette. — Visite à Saint-Lazare. — Visite aux hôpitaux de Paris pendant le choléra de 1865.

L'Empire donna une puissante et intelligente impulsion aux œuvres philanthropiques et humanitaires. Le bien qui fut fait aux classes laborieuses, grâce à une prévoyante initiative, est incalculable.

Les crèches, les salles d'asile, les écoles se multiplièrent. L'Impératrice prit une grande part à l'organisation de ces œuvres de secours dont elle s'occupait avec une incessante sollicitude. La condition de tous les faibles, de tous les souffrants, était pour elle l'objet d'une préoccupation constante. D'une façon habituelle, l'Impératrice visitait les établissements de bienfaisance et d'hospitalité, voyait les choses par elle-même, cherchait à se rendre compte de toutes les modifications qui pouvaient être appliquées, s'ingéniant à trouver de nouveaux moyens, à créer de nouvelles ressources, en faveur des travailleurs et des indigents.

Bien souvent le matin, l'Impératrice sortait seule avec moi et allait dans l'un ou l'autre de ces établissements, dans les hôpitaux, dans les prisons. Rien ne pouvait être préparé à l'avance, car Sa Majesté tenait à garder le plus strict incognito et ne se faisait jamais annoncer, cherchant au contraire à saisir les faits dans leur réalité.

On venait le matin me prévenir que l'Impératrice sortirait, afin que je me tinsse prête à l'accompagner. C'était généralement vers neuf heures. Sa Majesté montait dans un grand landau brun, presque noir, doublé de drap gris, qu'elle appelait sa voiture couleur de muraille. Un griffon peint sur chaque portière remplaçait les armoiries. Le cocher et le groom portaient la livrée noire à l'anglaise, sans cocarde, et nous allions ainsi dans les plus pauvres quartiers, comme le font les dames de charité, qui s'associent aux religieuses pour soigner et consoler les malades chez eux.

La Maison Eugène-Napoléon, fondée avec le prix du collier d'une valeur de 600,000 francs, offert à l'Impératrice par la ville de Paris à l'occasion de son mariage, la première fondation charitable de l'Impératrice, subsiste encore, grâce à l'inépuisable dévouement des saintes femmes qui la dirigeaient. Avec le génie de la charité, elles sont parvenues à conserver leurs 300 orphelines. Déjà plusieurs générations d'enfants ont grandi et sont devenues des femmes. Depuis dix-huit ans rien n'a changé.

Les grands bâtiments, solidement établis avec une munificence véritablement royale, abritent toujours cette grande famille rassemblée autour des filles de Saint-Vincent de Paul, les Sœurs de la Charité, auxquelles l'Impératrice avait confié la direction de son asile. Elles sont parvenues à réaliser ce miracle de suppléer à tout ce que l'Impératrice payait sur sa cassette.

Le travail des enfants aide à vivre. On reçoit maintenant des pensionnaires payantes et pour une modique rétribution de 30 francs par mois, des enfants peuvent trouver là le bien-être et une éducation, qui les met à même de gagner leur vie un jour.

Avec une admirable constance, avec cette importunité sublime qui est une des plus touchantes manifestations de la charité, la mère supérieure, celle, qui, d'accord avec l'Impératrice avait fondé l'orphelinat et qui était une femme d'une rare intelligence, est parvenue à obtenir de tous côtés, un concours qui a permis de faire subsister la maison.

En 1873, tout manquait et on faillit périr. L'Impératrice ne pouvait plus disposer des sommes considérables qu'elle donnait autrefois. Le crédit était épuisé. La maison Eugène-Napoléon avait 300.000 francs de dettes.

De temps en temps on cherchait à organiser

une loterie. L'Impératrice envoya des bracelets, des bijoux; une année même, la robe de baptême du Prince Impérial. Mais les résultats étaient insuffisants, et cependant ces anges maternels ne voulaient pas abandonner leurs enfants

La lutte fut ardente; mais lorsque la mère supérieure mourut il y a peu d'années, et qu'elle réunit autour d'elle le comité d'administration, composé d'hommes généreux qui l'avaient assistée dans sa tâche, voulant rendre ses comptes avant, suivant son expression, de partir pour le grand voyage, toutes les dettes étaient payées.

— Et il me reste 275 francs en caisse, ajouta-t-elle avec un sublime orgueil.

Tout est dans le même ordre qu'autrefois. Les soins d'une exquise propreté conservent à l'ensemble de l'immense demeure, cette apparence de confort et de bien-être, dont l'Impératrice avait tenu à entourer ses petites protégées

Avec leur sérénité sublime, les religieuses montrent bien par place quelques dégradations de peinture dans les longues galeries, dans les grands corridors. Le conseil municipal leur a retiré il y a peu d'années la subvention de 3.000 francs, qui leur avait été accordée après la guerre, pour l'entretien des bâtiments.

Mais les enfants sont toujours tenues et dirigées avec le même esprit de sollicitude. Dans un sentiment de fraternité et de solidarité qui les honore, les anciennes, celles qui déjà ont fait leur place dans la vie et dont plusieurs ont prospéré, accueillent leurs plus jeunes compagnes au sortir de la maison, pour les aider et les diriger encore. Et toutes reviennent vers ce toit béni, où s'est abrité leur faiblesse et où elles ont cessé d'être des orphelines. Elles y amènent leurs enfants comme dans une famille, et viennent encore y chercher affection et conseil.

Seulement, dans le grand salon d'honneur destiné aux réunions des jours de fête, deux longs voiles de soie, dissimulent les grands portraits de l'Empereur et celui de l'Impératrice dans le rayonnement de la grandeur et de la beauté, qu'on ne saurait, paraît-il, laisser impunément à découvert.

Sur le fronton de la chapelle on lit ces mots, inspirés par une pieuse pensée :

Sous l'invocation de la très sainte Vierge et de sainte Eugénie,
cette maison a été fondée
pour honorer la religion et le travail.

Au fond du chœur en coupole, on voit encore la fresque représentant l'Impératrice agenouillée dans sa toilette de mariée, entourée des Sœurs de Saint-Vincent de Paul, faisant aux petites orphelines l'offrande de son collier. En mai 1871, au moment de la Commune, cette peinture était en partie voilée par les arbustes qui ornaient le chœur, à l'occasion du mois de Marie. C'est ainsi qu'elle échappa aux dévastateurs.

Tous les événements de la vie de l'Impératrice sont marqués par une initiative bienfaisante.

En 1853, pendant un séjour de trois semaines à Dieppe, l'Impératrice, outre les secours distribués aux indigents et aux écoles, donne une somme de 40.000 francs aux Sœurs de la Providence, qu'elle prend sous son patronage. Une autre somme de 15.000 francs est accordée, pour la création d'une société destinée à venir en aide aux marins vieux et infirmes, ainsi qu'aux familles, ayant perdu quelques-uns de leurs membres en mer.

Notre-Dame des Sept-Douleurs, l'Asile Mathilde, fondé en 1853 sous la présidence de la princesse Mathilde, était destiné à recevoir les jeunes filles incurables du diocèse de Paris. Une fois admises, elles pouvaient y rester jusqu'à la fin de leur vie.

L'hôpital Sainte-Eugénie, fondé le 16 mars 1854, était destiné aux enfants. Il contenait 405 lits ; on y plaçait les petites filles malades, tandis que l'hôpital de l'Enfant-Jésus, 698 lits, restait affecté aux garçons.

Le conseil municipal de Paris se préoccupait d'organiser un système de secours à domicile, pour les ouvriers sans travail et les familles nécessiteuses, non inscrites aux Bureaux de bienfaisance. Le 16 février 1854, l'Empereur et l'Impératrice envoyaient sur leur cassette, une somme de 600.000 francs destinée à cette fondation.

Le 15 septembre 1856, peu de mois après la naissance du Prince Impérial, l'orphelinat du Prince Impérial devenait par un décret, une institution d'utilité publique. La pensée qui avait présidé à la création de cet orphelinat, était de faire participer les enfants orphelins à la vie de famille, en les plaçant, moyennant une rétribution, dans des ménages d'honnêtes ouvriers. Une souscription ouverte au moment de la naissance du Prince Impérial, avait fourni les premiers fonds. L'Empereur y avait joint une allocation annuelle payée sur sa cassette, au nom de son fils. Des dons et legs y furent consacrés.

Non seulement les œuvres de secours se multiplièrent, mais on en créa de nouvelles, dont les effets ont rendu d'immenses services aux classes indigentes.

En visitant les malades dans les hôpitaux, l'Impératrice avait été frappée de voir combien la plupart de ceux qui en sortaient, étaient débiles et affaiblis, hors d'état de se livrer au travail et de gagner leur vie.

C'est pour combler cette lacune que l'on fonda l'Asile impérial de Vincennes, destiné à recevoir 460 convalescents. La Ville donna 10.000 mètres de terrain; l'Empereur 2 millions sur sa cassette et l'Asile fut inauguré en 1857.

Depuis cette époque jusqu'en 1866, l'Asile reçut 57.844 convalescents. Un asile semblable pour les femmes, fut ouvert au Vésinet. Dans la même période il avait recueilli 27.000 ouvrières sortant des hôpitaux.

Véritablement ingénieuse pour le bien, l'Impératrice songea à instituer des conférences pour occuper et distraire les convalescents, durant les lentes heures de faiblesse et d'inaction, qui succèdent à la maladie. Faisant appel au concours d'hommes distingués, prélats, savants, littérateurs, économistes, l'Impératrice décida que trois fois par semaine, des conférences auraient lieu à l'Asile Impérial de Vincennes, sur des questions de science pratique et de morale. L'Impératrice alloua sur sa cassette une somme considérable, pour subvenir aux frais qu'entraînerait cette création. Monseigneur Darboy, qui s'était fait inscrire au nombre des professeurs chargés de ces cours familiers, alla lui-même inaugurer les conférences à l'Asile Impérial de Vincennes entouré des hommes dévoués qui devaient concourir à l'œuvre.

A son arrivée, l'Archevêque de Paris était accueilli avec enthousiasme aux cris de : « Vive

Monseigneur ! vive l'Impératrice ! » Monsieur de Bosredon, secrétaire général du Ministère de l'Intérieur, en adressant au prélat une allocution de bienvenue, expliquait ainsi la pensée qui avait présidé à la création des conférences.

« Déjà, Messieurs, tout ce qui pouvait contri-
« buer à réparer vos forces épuisées par le tra-
« vail et la souffrance, a été réuni ici. Mais
« une chose vous manquait encore, et Sa Ma-
« jesté l'Impératrice a voulu vous la donner ;
« elle n'a pas voulu que l'asile fût utile seule-
« ment au corps, mais qu'on y parlât à l'esprit,
« à l'âme.

« Des conférences vont vous être faites par
« des hommes éminents qui ont répondu à l'ap-
« pel de Sa Majesté. Les uns vous rappelleront
« les grandes idées de la religion et de la mo-
« rale, qui peuvent parfois sommeiller dans le
« cœur de l'homme, mais qui, lorsqu'il est atteint
« par la souffrance et le deuil, deviennent pour
« lui une inappréciable, une céleste consolation.

« D'autres vous exposeront ces lois économi-
« ques du travail et du salaire dont l'intelli-

« gence vous est si nécessaire, pour bien com-
« prendre et bien servir vos intérêts. D'autres
« vous liront les principaux passages de ces au-
« teurs admirables, qui, devant un auditoire fran-
« çais, sont toujours applaudis, parce qu'en
« France le public, alors même qu'il est dé-
« pourvu de culture littéraire, ne l'est jamais de
« goût naturel. D'autres enfin vous décriront
« les merveilles de la science ou les découvertes
« non moins étonnantes de l'industrie. Aucun
« de vous ne quittera désormais l'Asile sans avoir
« recueilli quelques faits curieux, quelques bons
« conseils, quelques vérités utiles qu'il commu-
« niquera à ses enfants, à ses camarades, propa-
« geant ainsi le noble goût de l'étude, de l'in-
« struction qu'il aura emporté avec lui. »

Après avoir loué la pensée de l'Empereur d'avoir voulu en ouvrant l'asile des convalescents, combler le vide existant entre le lit de l'ouvrier malade et l'atelier, le vénérable Archevêque de Paris rendait hommage au sentiment généreux de l'Impératrice, qui agrandissait et complétait l'œuvre en y établissant des conférences. Précisant les paroles de monsieur de Bosredon :

« Il s'agit, disait Monseigneur Darboy, de
« donner ici, non pas les détails et les dévelop-
« pements de la science, étudiée dans ce qu'elle
« a de plus profond et de plus technique, mais au
« moins un savoir relatif, des notions utiles à
« votre profession. C'est par là que vous pouvez
« perfectionner votre métier, votre art ou votre
« industrie, car on ne traite les choses et on n'en
« tire utilement parti, que dans la mesure où on
« les connaît. Chaque profession, en s'élevant
« ainsi et en se perfectionnant, contribue au pro-
« grès général, à l'amélioration de tout ce qui
« importe à la vie et au bien-être. Car tout se
« tient dans le monde et, le plus humble métier,
« l'industrie la plus obscure, n'est pas sans rap-
« port avec les arts, les sciences, les travaux su-
« périeurs du génie humain, qui honorent et
« grandissent la patrie.

« Le monde entier n'est qu'un grand concert
« où chaque être marque sa note, exécute sa
« partie et où chacun de nous doit se montrer
« fier de contribuer à l'harmonie générale; et non
« pas, s'occuper de maudire et de haïr ceux qui
« travaillent dans d'autres conditions et avec des

« aptitudes différentes. Je rêve cette magnifique
« union de toutes les forces pour le repos, pour
« la prospérité, pour la grandeur de mon pays,
« et je m'émeus en songeant à tout ce que peut
« la France, si tous ses enfants veulent tirer
« d'eux-mêmes tout ce qu'ils ont de ressources,
« et le mettre en commun au service des inté-
« rêts du pays. »

Telle était la parole évangélique de ce prélat, qui était un grand patriote, et qui fut une victime expiatrice des crimes, d'une heure fatale dans la vie d'un peuple.

L'Impératrice avait le respect de l'âme humaine; elle pensait que dans toutes les conditions on peut être compris, quand on s'adresse au cœur et à l'esprit.

On créait en 1857 à Berck-sur-Mer un établissement pour le traitement des enfants scrofuleux. Des maisons de convalescence, également pour les enfants étaient fondées à Falaise (1859), une autre à Épinay (1861): celle-ci placée sous le patronage du vénérable abbé Deguerry, curé de la Madeleine et de M. le docteur Conneau, directeur des dons et secours de la cassette de l'Empereur.

Ces maisons recevaient les enfants qui sortaient de l'hôpital de l'Enfant-Jésus, et de Sainte-Eugénie. Ils restaient ainsi au bon air et dans d'excellentes conditions hygiéniques jusqu'à leur complet rétablissement.

Et ce n'était pas seulement la population parisienne qui était l'objet de la sollicitude impériale. Dans tous les grands centres, partout où il y avait du bien à faire, la bienfaisance des souverains s'exerçait avec une inépuisable libéralité.

Le 9 juillet 1866 l'Impératrice adressait la lettre suivante à M. Henri Chevreau, alors préfet de Lyon.

« Monsieur le Sénateur,

« J'ai suivi avec une vive sollicitude toutes les
« mesures prises par la commission des hospices
« de Lyon afin de venir en aide à la population
« souffrante.

« La création d'une maternité à la Croix-
« Rousse; l'installation d'un plus grand nombre
« de lits à l'hôpital de la Charité et enfin le nou-
« veau système d'inhumation auquel je me suis

17.

« particulièrement intéressée, sont autant de
« preuves du zèle intelligent et dévoué que la
« Commission a toujours apporté dans l'accom-
« plissement de sa noble tâche. Je sais que, grâce
« à son activité, d'autres améliorations sont en-
« core en voie d'exécution. Mais il me semble
« qu'une lacune reste à combler. L'établissement
« à Vincennes d'un hospice de convalescents dé-
« crété par l'Empereur en 1853, a démontré com-
« bien il était utile de ne pas laisser les malades
« passer sans transition de l'hôpital au travail.

« Je désire, monsieur le Sénateur, que cette
« pensée se réalise à Lyon, et à cet effet je donne
« en toute propriété, aux hospices de cette ville,
« le château de Longchène avec toutes ses dé-
« pendances afin qu'il devienne un asile pour les
« convalescents.

« Les intérêts des pauvres sont trop bien placés
« dans les mains de l'Administration et de la
« Commission des hospices, pour que j'aie à faire
« appel à leur zèle afin que cet asile soit ouvert
« dans le plus bref délai possible. Je vous re-
« mercie aussi pour l'empressement que vous
« avez mis à vous occuper de cette affaire.

« Croyez, monsieur le Sénateur, à mes senti-
« ments.

« EUGÉNIE. »

Tuileries, 9 juillet 1866.

La guerre de sécession en Amérique, eut son contrecoup chez nous et amena une crise industrielle très pénible, particulièrement dans les grands centres manufacturiers.

Le 4 mars 1862, l'Empereur adressait une somme de 250.000 francs, toujours sur sa cassette, aux préfets du Rhône, de la Loire, de la Seine-Inférieure, du Nord, afin de venir en aide aux ouvriers sans travail.

A Paris, à Bordeaux, en septembre 1859, l'instruction des sourds-muets recevait une impulsion nouvelle : l'association centrale pour l'éducation des sourds-muets était placée sous le patronage du Prince Impérial, et partout à côté des charges de l'État apparaissait l'initiative, les dons généreux des souverains.

Un décret de 1862 plaçait les crèches et les salles d'asile sous la protection de l'Impératrice. De toutes parts elles se multipliaient.

Lors de la guerre d'Italie, l'Impératrice fit ouvrir une souscription pour venir en aide aux veuves et aux orphelins de nos soldats.

La souscription produisit 5.180.000 francs. Un comité fut constitué pour la répartition des pensions et dons, et fonctionna sous la présidence de l'Impératrice.

L'hôpital militaire de Vincennes était inauguré en 1858.

L'Impératrice s'associa activement à la pensée qui présida à la création de la Société de sauvetage des naufragés, qui fut reconnue comme établissement d'utilité publique, par décret du 17 novembre 1865.

L'Impératrice avait accepté le patronage de cette Société et envoyé les trois premiers canots de secours avec leurs accessoires, ce qui représentait une somme de 30.000 francs. Depuis cette époque les postes de secours se sont multipliés. Quand la brume enveloppe les côtes, quand la tempête est déchaînée, le navire s'égare, la barque de pêche perd de vue son refuge. Le flot les pousse sur la roche, les submerge et les brise, pour rejeter au rivage des cadavres et des débris !

Grâce au dévouement, à l'énergie des marins de la côte, qui restaient impuissants dans la plupart des cas, dès qu'on signale un navire en détresse, les canots de sauvetage sont mis à la mer et l'on a maintenant le bonheur d'arracher à la mort, chaque année, des centaines de marins et de passagers, destinés à périr si ce secours leur manquait.

Dans un ordre d'assistance différent et d'un esprit peut-être plus élevé encore, le travail étant la plus noble des aumônes, l'Impératrice s'occupa beaucoup de venir en aide aux classes ouvrières.

La Société du Prince Impérial, instituée en 1862, rendit d'incalculables services.

Elle fut créée au moyen de fondations fixes de 100 francs ou d'une cotisation annuelle de 10 francs. Elle avait pour but de faire des prêts aux ouvriers, aux petits fabricants, afin de leur faciliter l'achat d'instruments, d'outils, de matières premières. Les prêts ne devaient pas excéder 500 francs; on vérifiait la moralité des emprunteurs, et les sommes qu'ils désiraient leur étaient remises, moyennant un faible intérêt de un demi p. 100. Il est très rare que les rentrées ne se soient pas effectuées ponctuellement.

Vers cette époque l'usage des machines à coudre commençait à se généraliser. Un grand nombre d'ouvrières purent, grâce à cette assistance, acquérir un précieux moyen de travail.

Les fonds de l'œuvre étaient déposés au Crédit foncier et administrés par un comité de vingt membres, fonctionnant sous la présidence de l'Impératrice, qui signa de sa main des milliers de brevets ornés de son portrait, qu'elle envoyait aux souscripteurs comme remerciement. La Société du Prince Impérial fonctionnait dans toutes les localités assez importantes pour y établir un comité.

En août 1866, pendant le séjour à Saint-Cloud, on fonda une caisse pour les invalides du travail. Ce fut l'objet de bien des combinaisons et de longs entretiens.

On constituait un capital important par le prélèvement de 1 p. 100 sur tous les travaux publics exécutés pour le compte de l'État, des départements ou des communes ; et une faible cotisation individuelle permettait de mettre à la disposition des adhérents, huit cents pensions de 300 francs, payables aux ouvriers mutilés ou à leurs veuves.

En janvier 1867, huit fourneaux placés sous le patronage du Prince Impérial, distribuaient pendant l'espace de quelques mois 1.244.736 portions à 5 centimes. On les avait ouverts dans les quartiers les plus populeux : rue des Gravilliers, des Anglaises, Vandamme, de la Rosière, Lacroix, Polonceau, Véron, et rue des Amandiers.

Le 22 février 1866, l'Impératrice allait visiter Charenton. Un des pensionnaires de la maison d'un extérieur tout à fait correct, s'approcha d'elle et, dans les termes les plus sensés, les plus éloquents même, il la supplia d'intervenir auprès de l'administration pour obtenir que justice lui fût faite et qu'on lui rendît la liberté.

— Je m'occupe de travaux scientifiques, dit-il à l'Impératrice. Ma famille redoute de voir ma fortune dissipée dans les recherches que je fais pour de nouvelles applications de la science, et c'est dans un but d'odieuse rapacité que l'on m'a enfermé ici. Permettez-moi, Madame, de vous remettre quelques-uns de mes travaux. Faites les examiner. L'on vous dira si un cerveau troublé pourrait pousser aussi loin les calculs scientifiques.

Son langage était plein de clarté, d'élévation, ses façons parfaites. Vivement intéressée, l'Impératrice, se méfiant un peu du parti pris que l'on prête aux médecins aliénistes de voir la folie dans tous les cerveaux, résolut de faire tout au monde, pour adoucir le sort de cet infortuné.

L'Impératrice chargea monsieur Duruy, alors ministre de l'Instruction publique, de faire examiner ces documents. Ils furent confiés à des savants spéciaux, et peu de temps après monsieur Duruy les rapportait en déclarant que c'était l'œuvre d'un esprit éminent.

L'Impératrice résolut de retourner à Charenton pour revoir son protégé et lui rendre compte elle-même de l'examen fait de ses travaux, en attendant que l'on eût agi auprès de sa famille et de la Faculté. Cet homme ressentit une joie bien vive de la nouvelle visite de l'Impératrice.

— Ah! Madame, lui dit-il. Vous seule pouviez me délivrer. Ma famille est si mal pour moi!

Voyez, on a mis le Panthéon sur le bout de mon nez, afin de m'empêcher de sortir.

Hélas! cet esprit véritablement supérieur était réellement troublé sur certaines questions tout en conservant une grande logique sur d'autres.

L'Impératrice ne se bornait pas à s'occuper des établissements de bienfaisance. Souvent elle entendait parler d'une infortune, d'un malheur qui l'intéressait. Elle se faisait renseigner, et lorsqu'elle était fixée, elle allait elle-même chez de bien pauvres gens, porter des secours et des encouragements. Ils ne se doutaient guère de la qualité de la personne qu'ils recevaient et n'auraient pu la reconnaître qu'à la générosité de son offrande. L'Impératrice emportait sa bourse toute pleine d'or et la rapportait vide. De bien grosses sommes sont ainsi sorties peu à peu de cette petite enveloppe.

Madame Lebaudy, dont la bienfaisance est bien connue, étant allée visiter une pauvre femme malade à laquelle elle portait souvent des secours, croisa dans l'escalier deux dames dont la vue la frappa et qui passèrent rapidement près d'elle, en cherchant à se dissimuler. Néanmoins elle n'avait pu s'y méprendre et avait parfaitement reconnu l'Impératrice. En arrivant auprès de sa protégée, elle la trouva toute joyeuse. Cette femme lui raconta que deux dames inconnues étaient venues la voir, et lui avaient laissé une généreuse offrande. L'une d'elles avait même observé que son lit était dérangé, mal fait et de ses mains elle avait tout réparé et remis en ordre dans la chambre. Au portrait qu'elle lui fit, Madame Lebaudy reconnut que c'était bien en effet l'Impératrice, qu'elle avait rencontré. Elle le lui dit. La pauvre femme en eut presque une syncope d'émotion et de plaisir.

Les personnes qui ont eu l'honneur de vivre dans la familiarité de l'Impératrice, ont toutes été témoins de faits analogues.

C'est surtout dans ces circonstances que Sa Majesté craignait de se trahir et d'être reconnue. Elle ne voulait pas qu'en apprenant ces visites on vint à l'accuser d'affectation.

— Il serait facile, me disait-elle, de leur envoyer ce que je leur porte. Mais on a vraiment besoin de faire un peu de bien par soi-même; et quand on voit de près la misère et la souffrance, cela aide à porter d'autres soucis.

Il y avait parfois même quelque témérité à pénétrer dans les maisons des quartiers éloignés où nous nous rendions. Un jour, du côté de Belleville, l'Impératrice allait visiter une femme qui venait d'accoucher de son douzième enfant. La rue était étroite, tortueuse et l'Impératrice, laissant sa voiture à quelque distance, s'y rendit à pied. Cette pauvre femme habitait dans une sorte de cité ouvrière, véritable ruche où, à cette heure matinale, toutes les femmes allant et venant, vaquaient aux soins de leur ménage.

Dans un coin de la cour, qui était vaste, l'Impératrice vit un enfant de trois à quatre ans, terrassé par un gamin beaucoup plus fort, qui lui arrachait des mains un gâteau qu'on venait de lui donner.

L'Impératrice alla vers le petit, le dégagea et, reprenant le gâteau des mains de son adversaire, elle lui fit honte de son action et donna un louis au plus jeune pour en acheter d'autres. Mais le grand, voyant que le gâteau lui échappait, se mit à pousser des cris affreux. La mère accourut, croyant que l'on maltraitait son enfant, et se mit à injurier les « dames en robes de soie », et à ameuter contre nous les autres femmes qui, ne sachant pas ce qui s'était passé, firent chorus avec elle.

Ces dames avaient à leur disposition le vocabulaire des halles, et l'Impératrice dut regagner sa voiture au plus vite, sans avoir pu accomplir son œuvre de secours.

De tels incidents étaient fort rares, et même, sans être reconnue, on accueillait ses visites avec une grande reconnaissance et beaucoup de déférence.

L'Impératrice donna une grande extension à l'œuvre de charité maternelle, fondée par la Reine Marie-Antoinette, cette œuvre qui a pour but de secourir à domicile les femmes en couches. Elles reçoivent des soins, une certaine somme d'argent, une layette et du linge. L'Impératrice en était présidente.

En 1865, pendant un voyage que l'Empereur fit en Algérie, l'Impératrice reçut les pouvoirs de régente.

Elle s'occupa tout spécialement du régime des enfants prisonniers. Mais dans une administration aussi bien organisée que l'administration française, la routine a une force qui prévaut contre tout. On ne tient compte ni du temps qui a marché, ni des modifications dans les habitudes et les mœurs. Du moment qu'une affaire est dirigée par l'administration, il ne faut pas espérer pouvoir y introduire aucun changement; elle est déclarée parfaite, et c'est presque devenir ennemi de l'État, que de vouloir l'améliorer. L'Impératrice, elle-même, l'éprouva.

Sa Majesté se rendit un jour à la petite Roquette accompagnée de M. Boitelle, alors préfet de police, et de quelques autres chefs de l'administration.

Le système cellulaire, c'est-à-dire la torture d'un isolement farouche, était le régime de cette maison, destinée à recueillir des enfants abandonnés, encore plus que coupables.

Afin d'éloigner la contagion du mal en épargnant le contact à ces jeunes êtres, parmi lesquels il y avait assurément des perversités précoces, on n'avait pas trouvé d'autre moyen que de réduire au silence et de séparer absolument, plus de cinq cents enfants de dix à dix-huit ans qui, vivant les uns près des autres, ne connaissaient aucun de leurs visages, et n'avaient jamais même entendu le son de leur voix.

Dans d'étroites cellules munies d'un lit, d'une table et d'un baquet, s'ouvrant sur un sombre corridor, chaque enfant était astreint au travail solitaire et presque à l'immobilité. C'est là qu'on leur apportait leur repas. C'est là qu'ils dormaient.

Dans une grande cour intérieure où nul regard ne pouvait pénétrer, des promenoirs de vingt mètres de long, séparés les uns des autres par des murailles infranchissables, permettaient à ces enfants de remuer leurs membres engourdis, et un à un, comme de petits fauves en cage, ces pauvres êtres le front courbé, l'œil éteint, l'air abruti, allaient et venaient machinalement, dans la lugubre monotonie de ces tombes ouvertes. La chapelle où se disait la messe chaque dimanche, n'était même pas un lieu de consolation : semblable à une ruche, elle était entourée de logettes superposées et par une disposition, hélas! ingénieuse, une sorte de volet incliné permettait de voir l'autel, sans que derrière les grillages où chaque enfant se tenait, le regard pût apercevoir aucune des loges voisines.

Tout ce qu'il y avait de maternel dans le cœur de l'Impératrice se souleva et, rassemblant autour d'elle ces petits infortunés, elle leur parla, les encouragea, les rassura, transfigurée par l'émotion dont elle était agitée, en songeant que dans une époque comme la nôtre, tant d'êtres malheureux, presque inconscients de leurs fautes, subissaient une torture qu'on avait dû supprimer dans la plupart des prisons pour les autres catégories de détenus.

Il y avait là des enfants de huit ans ! Il y en avait de beaux, il y en avait de chétifs.

— Qu'as-tu fait? demandait l'Impératrice.
— J'ai couché sous les ponts.
— Où est ta mère ?
— Je n'en ai pas.
— Qu'est-ce qui prend soin de toi?
— C'est la bonne amie de papa.
— Pourquoi as-tu quitté la maison?
— Elle me battait.
— Et ton père ?

— Papa n'était pas là.

Plus de vingt fois ce douloureux récit revenait sur les lèvres des enfants, avec la désespérance d'une de ces plaies sociales, contre laquelle on voit si peu de remède, qu'on essaye de l'oublier pour en chasser l'obsession. Et c'était vrai.

D'autres plus grands, les traits avilis, le regard fuyant, avaient la conscience de leurs fautes. Ceux-là étaient déjà de vrais coupables. Ils essayaient de longs récits, cherchant à embrouiller les questions et les réponses. On les sentait marqués pour le crime, et la rage du châtiment aiguisant ces imaginations souillées, ils devaient méditer, dans l'abandon auquel ils étaient livrés, des coups subtils et hardis. Et ils côtoyaient les autres, les innocents, qui étaient bien plus nombreux et dont le seul crime était d'être pauvres, faibles et oubliés.

Quelques-uns de ces enfants étaient là par voie de correction paternelle. L'un d'eux, un beau garçon de quatorze ans, à l'air hardi, était enfermé depuis près d'un an. Son père était sergent de ville.

Il avait « chippé » quelque bagatelle en passant

dans la rue. Le père se sentant atteint dans la dignité de ses fonctions par l'action de son fils, le fit enfermer pour une année entière. Furieux d'un châtiment si terrible, le malheureux enfant avait juré de se venger.

— En sortant d'ici, disait-il, je tuerai mon père.

Rien ne pouvait l'apaiser, et sous les corrections les plus sévères il avait persisté dans cette déclaration. L'Impératrice l'interrogea. Il raconta toute son histoire avec intelligence.

— Mon père n'avait pas le droit pour si peu de chose, de me torturer à ce point-là. C'est injuste, et je le tuerai.

L'Impératrice alors, l'attirant doucement vers elle, se mit à lui parler avec tant de bonté, elle sut trouver des choses si touchantes sur l'austérité des devoirs, qui grandissent en raison de l'autorité dont on est revêtu, que cet enfant, ébranlé, se jeta à ses genoux en fondant en larmes et lui jura de renoncer à son affreux dessein. L'Impératrice lui promit alors de faire parler à son père, et d'obtenir qu'il abrégeât la durée de sa peine. Elle le fit et suivit pendant plusieurs années cet enfant, qu'elle avait fait placer en apprentissage et dont on se louait.

Ce fut à cette époque que monsieur Émile Ollivier parut aux Tuileries pour la première fois. Il avait fait à la Chambre un discours fort important sur la loi des coalitions et le droit de grève. L'Impératrice souhaita de l'entretenir et il fut invité à dîner aux Tuileries, ainsi que plusieurs de ses collègues. Ces messieurs attachaient beaucoup d'importance à la tenue dans laquelle ils devaient se présenter. Les idées libérales, alors, ne comportaient pas de concessions à l'endroit du costume, paraît-il. Lorsqu'on apprit que monsieur Émile Ollivier avait accepté de dîner aux Tuileries, ses amis se demandèrent avec beaucoup d'agitation si, oui ou non, il mettrait la culotte, ce qui était la tenue de cour et leur paraissait un engagement pris envers la tyrannie.

Mais l'invitation avait un caractère intime et ces messieurs s'étant renseignés, le chambellan de service leur dit que les soirs ordinaires on ne portait pas la culotte.

A l'heure du dîner ils se présentèrent donc aux Tuileries dans la tenue habituelle, mais comme ils se disposaient à entrer ils s'arrêtèrent fort troublés à la vue d'un monsieur en culotte, qui descendait d'un fiacre. Peu s'en fallut qu'ils ne se retirassent. Mais réfléchissant qu'ils étaient autorisés officiellement à venir sans culottes, ils entrèrent assez embarrassés. La grâce de l'accueil que leur fit l'Impératrice les eut bien vite mis à leur aise ; et ils se rassurèrent tout à fait en voyant que les officiers de service étaient vêtus comme eux. Le Monsieur qui les avait si fort alarmés en descendant du fiacre avec des culottes, était simplement un huissier attardé, qui rentrait en voiture, pour gagner du temps.

Monsieur Émile Ollivier était un séduisant. Sous un extérieur dépouillé de toute prétention, avec des traits ordinaires, et des lunettes qui voilaient des yeux doux et fins, on devinait en lui l'homme de cœur et l'homme de talent.

L'enthousiasme qui salue chez nous ceux qui arrivent au pouvoir avec des idées nouvelles, l'accueillit à son entrée dans les conseils de l'Empereur. Nul plus que lui ne fut poursuivi des clameurs publiques après le tragique dénouement des événements auxquels il a présidé.

Après la visite aux jeunes détenus qui l'avaient si fort impressionnée, l'Impératrice régente constitua une commission, qui avait pour but d'étudier la transformation de l'odieux système cellulaire, en pénitenciers agricoles.

Monsieur Émile Ollivier, partisan des pénitenciers agricoles, soutint chaleureusement les idées de l'Impératrice, qui présidait les séances tenues aux Tuileries.

Au cours de l'une d'elles, l'Impératrice qui, d'ordinaire, gardait le silence, écoutant l'avis de tous, et chargeant l'un des membres de résumer ses idées, exposa elle-même la cause de ces petits malheureux, avec l'ardent désir d'apporter un adoucissement à une situation si cruelle. L'un des membres de la commission, prévoyant que des changements considérables allaient bouleverser toute l'économie administrative, prit la parole :

— Tout cela est vrai, Madame; mais tant de difficultés se soulèvent qu'on n'y voit pas de remèdes. En parler ce n'est que faire du sentiment.

— Pardon, lui répondit doucement l'Impératrice, c'est de l'humanité et de la politique.

Enfin les jeunes détenus de la Roquette furent distribués dans les différents pénitenciers agricoles.

Les chefs de ces établissements ne virent pas sans une vive inquiétude les nouveaux venus, ces malheureux que l'on avait lieu de juger gangrénés par tous les vices, se mêler à des enfants déjà disciplinés par le travail et qui acceptaient volontiers la vie libre des champs, dont ils appréciaient les avantages.

Les résultats ne tardèrent pas à prouver tout ce que l'on pouvait attendre de ce changement de traitement.

Rapidement, les plus mauvaises natures, les plus endurcies s'amendèrent, sous la bienfaisante influence d'une existence occupée et active, au grand air de la campagne.

L'un d'eux avait seize ans lorsqu'il fut transféré à Cîteaux. Il voyageait avec cinquante-six de ses compagnons et se faisait remarquer par son endurcissement et sa grossièreté.

— Vous pouvez bien chercher à amadouer mes camarades, disait-il au gardien. Mais moi, vous ne me materez jamais. A la Roquette, on m'appelait « gibier de potence », gibier de potence je resterai.

Au bout d'un an, cet enfant s'était si bien amendé qu'on le graciait, avant l'expiration de sa peine. Placé sur la recommandation du chef de l'établissement, il devint un ouvrier de ferme intelligent, et c'est maintenant un honnête homme.

Chaque mois le docteur Conneau, qui voyait journellement l'Empereur, distribuait par petites fractions une somme de 60.000 francs, prélevée sur la cassette impériale, et qui allait soulager toutes les infortunes qui s'adressaient à l'inépuisable charité des souverains. Le docteur Conneau est mort en 1878 ne laissant aucune fortune à sa famille.

De 1852 à 1869, le nombre des établissements hospitaliers s'est élevé de 9.331 à 13.278, soit 3.942 d'augmentation.

Dans Paris, le nombre des crèches s'éleva de 73 à 87.

Le nombre des salles d'asile fut porté de 1.735 à 3.633, c'est-à-dire 1.904 salles nouvelles furent créées, recevant 275.000 enfants en plus.

Le nombre des sociétés de charité maternelle pour toute la France s'éleva de 44 à 1.860.

En outre, un grand nombre d'hôpitaux furent créés, entre autres, le nouvel Hôtel-Dieu, l'hôpital Lariboisière. La plupart des autres furent agrandis, assainis, dotés de moyens curatifs nouveaux et perfectionnés.

On ouvrit des fourneaux économiques subventionnés par la cassette impériale. On organisa un service pour le traitement des malades à domicile; le service des médecins cantonaux, des dispensaires, des bains, des lavoirs publics. Et enfin les aumôniers des dernières prières, cette suprême offrande de la piété chrétienne, qui accueille sur le seuil du cimetière les pauvres êtres assez déshérités, pour arriver seuls au champ du repos.

L'Impératrice ne craignit pas d'aller à Saint-Lazare, autre plaie sociale, où la misère, la souffrance et le vice rendent plus affreuse encore cette sombre maison.

Dans l'infirmerie, une malheureuse fille agonisait. On n'aurait pu discerner si elle était jeune encore, ou bien si elle touchait aux limites de la vieillesse. Sa vie s'était traînée entre le pavé, les hôpitaux, toutes les déchéances.

A l'heure de la délivrance suprême, tout un passé d'avilissement, de misère, se retraçait comme une horrible vision, devant cet esprit troublé par les affres de l'agonie. Hantée par le souvenir de tant de souffrances et de honte, la malheureuse créature repoussait les exhortations que l'aumônier, que les religieuses s'efforçaient de lui faire entendre.

— Laissez-moi, il n'y a pas de Dieu, disait-elle ; je ne souffrirai pas plus dans l'enfer, que je n'ai souffert sur la terre.

C'était un spectacle tragique que celui de cette infortunée qui se préparait à la mort, en maudissant la vie. A travers la violence, l'incohérence de ses propos, on suivait cette existence déshéritée, et le désespoir mettait une sorte d'éloquence farouche sur ces lèvres flétries.

Un enfant avait traversé sa vie. Elle l'avait perdu tout petit. Son souvenir lui revenait avec les expressions d'une tendresse maternelle passionnée. C'était le seul être qu'elle eût aimé, le seul qui lui eût souri ; et la mort l'avait pris. Tout cela était entremêlé de blasphèmes, d'injures pour ceux qui l'entouraient, qui cherchaient à l'apaiser.

L'Impératrice s'approcha d'elle et lui parla. Elle la plaignit, elle sut trouver des expressions si touchantes et si vraies, que ce cœur fermé se détendit.

— Quoi ! vous êtes l'Impératrice, dit-elle, et vous qui êtes belle, qui êtes riche, qui êtes heureuse, vous vous intéressez à une misérable comme moi et vous semblez touchée parce que je souffre. C'est bien vrai alors qu'il y a un bon Dieu, puis que vous avez un si bon cœur.

Et elle se calma. Elle demanda pardon aux Sœurs, aux garde-malades; elle pria une des religieuses de lui prêter son chapelet et, avec l'aide de l'Impératrice, le passa à son cou, le ramenant sur son pauvre visage convulsé; puis elle demanda le prêtre et voulut se confesser à voix haute.

Peu après elle expirait consolée, en priant Dieu. Le désespoir farouche était remplacé par l'espérance divine, et les dernières heures de cette triste vie, furent peut-être les plus douces.

Consoler les mourants est une tâche austère. Il n'en est pas de plus miséricordieuse!

L'Impératrice qui, dans la causerie, était toujours simple, plutôt enjouée, avait dans des occasions semblables, une éloquence élevée et touchante, privilège des âmes véritablement grandes.

Le jour de cette visite à Saint-Lazare fut un de ceux où l'Impératrice recueillit les plus touchants témoignages de la gratitude populaire. Le bruit de sa présence dans la prison s'était répandu et la foule s'amassait pour la voir. Le peuple a l'intuition de ce qui est généreux.

On comprenait que cette visite de l'Impératrice à de pauvres créatures méprisées, était un acte de touchante humanité.

Lorsqu'en sortant, l'Impératrice parut sur le seuil de la prison, un concert de bénédictions attendrissantes l'accueillit, et c'est au milieu de groupes de femmes agenouillées qui cherchaient à saisir ses mains et ses vêtements, qui lui présentaient leurs enfants, que l'Impératrice put regagner sa voiture.

Il semblait que l'on voulût honorer encore

plus celle qui n'avait pas craint de se montrer clémente envers l'infamie.

La charité, la bienveillance, la générosité de l'Impératrice étaient connues. Ses visites aux cholériques de Paris et d'Amiens montrèrent la vaillance de son âme sereine.

A la fin du mois de septembre 1865, la cour était à Biarritz, lorsqu'on apprit que Paris était envahi par le choléra, qui avait laissé depuis l'année 1849 de si terribles souvenirs dans la population parisienne. Aussitôt le retour fut résolu et l'on revint à Saint-Cloud.

L'épidémie subit plusieurs phases. La première apparition avait été foudroyante, puis il sembla que le fléau allait s'éteignant, lorsque vers le milieu du mois d'octobre, une recrudescence vint tout à coup, causer une panique générale. Toutes les personnes libres de quitter Paris s'éloignaient. La population ouvrière était particulièrement frappée; les hôpitaux se remplissaient, et l'on citait des familles décimées.

Le 21 octobre, l'Empereur vint à Paris accompagné du général Reille, son aide de camp et d'un officier d'ordonnance.

L'Empereur visita longuement l'Hôtel-Dieu, interrogeant les malades, les médecins, les encourageant avec son calme et sa bonté habituels. En se retirant, il laissa une somme de 50.000 fr. destinée à secourir les victimes du fléau.

L'Impératrice n'avait pas été prévenue de cette visite de l'Empereur. Au retour elle lui exprima ses regrets de ne l'avoir pas accompagné.

— Je pensais bien que tu aurais voulu venir, lui dit l'Empereur; mais tu es beaucoup trop enrhumée pour sortir. C'est pourquoi je ne t'ai rien dit.

L'Impératrice, en effet, souffrait d'un rhume très pénible, une sorte de grippe qui la fatiguait beaucoup.

Ce soir-là au dîner et le lendemain on s'entretint des incidents du choléra, de l'heureux effet moral produit par la visite de l'Empereur aux malades, et l'Empereur me demanda si je craignais l'épidémie.

J'avais alors cette heureuse confiance de la jeunesse, qui fait qu'on ne songe guère ni au malheur, ni à la mort. Je n'avais aucune crainte, et je le dis à l'Empereur.

Le lendemain 23 octobre, à neuf heures du

matin, on vint me prévenir que l'Impératrice me demandait.

J'y allai aussitôt, et l'on me dit que Sa Majesté m'attendait chez l'Empereur.

En effet, l'Impératrice, toute prête pour sortir, causait avec l'Empereur dans son cabinet, lorsque j'y entrai.

— L'Impératrice veut aller visiter les cholériques. Je sais combien vous lui êtes attachée, me dit l'Empereur avec une véritable bonté, et je suis sûr que vous tiendrez à l'accompagner. Mais l'Impératrice ne vous emmènera, que si vous nous promettez de rester dans la voiture et de ne pas entrer dans les salles avec elle.

Je fis observer à l'Empereur qu'il me demandait là un acte de véritable pusillanimité. Qu'il serait très mortifiant pour moi de ne pas suivre l'Impératrice ; et que la mauvaise influence pouvait aussi bien m'atteindre à la porte des hôpitaux, qu'en y pénétrant.

— Si vous ne me promettez pas formellement de rester dehors, l'Impératrice ira sans vous, me dit l'Empereur.

Je tenais trop à avoir l'honneur d'être auprès

de l'Impératrice dans cette circonstance, pour ne pas promettre tout ce qu'on me demandait.

Nous quittâmes Saint-Cloud dans un grand landau attelé en poste. Le marquis de La Grange, écuyer de l'Impératrice, et le commandant Charles Duperré, officier d'ordonnance de l'Empereur, accompagnaient également Sa Majesté.

« L'Impératrice, dit le *Moniteur* du 23 octobre
« 1865, a consacré aujourd'hui sa journée à la
« visite des malades du choléra ; malgré un rhume
« violent dont elle est atteinte depuis plusieurs
« jours, Sa Majesté, oubliant sa propre fatigue
« pour s'occuper de la souffrance et du deuil des
« autres, s'est rendue à l'hôpital Beaujon, à l'hô-
« pital Lariboisière, et enfin à l'hôpital Saint-An-
« toine. Elle a visité les salles occupées par les
« cholériques, s'est approchée du lit de tous les
« malades, les a interrogés et exhortés, avec la sol-
« licitude et le dévoûment d'une sœur de charité. »

Après la visite à l'hôpital Beaujon, qui s'était prolongée jusqu'à près de midi, nous rentrâmes aux Tuileries, où un déjeûner sommaire nous attendait. Aussitôt après le repas, l'Impératrice se rendit à l'hôpital Lariboisière, puis à l'hôpital Saint-Antoine. C'est à l'hôpital Beaujon que l'Impératrice, s'étant approchée d'un malheureux prêt à expirer, lui prit les mains en lui adressant des paroles d'encouragement et de piété. Pensant que c'était une religieuse de l'hôpital qui lui parlait, cet homme réunit ses dernières forces, pour baiser la main qui pressait sa main moribonde, en disant :

— Je vous remercie, ma sœur.

La religieuse qui accompagnait l'Impératrice se pencha alors vers lui, et lui dit :

— Vous vous trompez, mon ami, ce n'est pas moi, c'est notre bonne Impératrice qui vous parle.

— Laissez, ma sœur, reprit spontanément l'Impératrice; il ne peut me donner un plus beau nom.

Ces paroles ont été depuis bien souvent citées.

A l'hôpital Saint-Antoine, un des médecins qui précédait l'Impératrice se trompa de porte et ouvrit une salle où d'autres malades étaient alités : ceux-là étaient atteints de la petite vérole. S'apercevant de sa méprise, le médecin pria aussitôt l'Impératrice de se retirer; mais elle ne voulut point y consentir et elle entra en disant :

— Je veux voir ceux-ci également, puisqu'ils souffrent.

Seulement, elle m'ordonna de ne pas franchir le seuil de la porte :

— Je ne veux pas que vous entriez, me dit-elle en souriant : si vous étiez défigurée vous ne pourriez plus vous marier.

L'Impératrice était encore dans tout l'éclat de sa beauté.

En sortant des hôpitaux, l'Impératrice fut portée jusqu'à sa voiture, par la foule qui se précipitait sur ses pas avec frénésie, qui l'entourait en baisant ses mains et la comblait de bénédictions.

Lorsque nous rentrâmes à Saint-Cloud, l'Impératrice eut la douce émotion de s'apercevoir que sa robe était coupée par larges morceaux. Des femmes du peuple l'avaient presque dépouillée, afin de conserver des lambeaux de son vêtement comme on conserve des reliques.

FIN

TABLE DES MATIÈRES

CHAPITRE PREMIER

Pages.

Voyage de l'Empereur et de l'Impératrice en Bretagne. — Arrivée à Brest. — Jeunes filles offrant des fleurs à l'Impératrice. — Fêtes populaires. — Un bal. — S. M. l'Impératrice Eugénie. — Suite du voyage. — Notre-Dame d'Auray. — Arrivée à Saint-Servan. — Bal à Saint-Malo. — Attentat d'Orsini. — Souvenirs du voyage en Bretagne.   1

CHAPITRE II

Dix ans de règne. — Mariage du Prince Napoléon. — Guerre d'Italie. — Retour de l'armée d'Italie. — La Princesse de Metternich. — Le Prince Richard de Metternich..............   27

CHAPITRE III

Voyage de l'Empereur et de l'Impératrice en Savoie. — Voyage en Algérie. — Mort de la duchesse d'Albe. — Retour à Saint-Cloud. — La duchesse d'Albe. — Profils de souveraines. — L'Empereur rencontre Mlle de Montijo. — Séjour à Compiègne. — Fiançailles. — Départ pour l'Espagne. — Le 10 décembre, l'Empereur annonce son mariage. — Mariage à Notre-Dame. — Les perles de l'Impératrice. — Villeneuve-l'Étang. — Visite à Trianon. — Une miniature de Marie-Antoinette. — Sentiments de l'Empereur pour sa femme. — Chagrin de l'Impératrice après la mort de la duchesse d'Albe. — Voyage en Écosse. — Retour.. 45

CHAPITRE IV

Maison de l'Impératrice. — La princesse d'Essling. — La duchesse de Bassano. — La marquise de Las Marismas. — La comtesse de Montebello. — La baronne de Pierres. — La marquise de Latour-Maubourg. — La comtesse Lezay Marnésia. — La comtesse de Malaret. — Tableau de Winterhalter. — Madame de Sancy de Parabère. — La comtesse de La Bédoyère. — La comtesse de La Poëze. — Madame de Saulcy. — La comtesse de Rayneval. — La comtesse de Lourmel. — La baronne de Viry-Cohendier. — Madame Féray d'Isly. — Pinson, le cocher des Dames. — Ma nomination de dame du Palais. — Monseigneur Darboy. — Le maréchal Vaillant. — Le duc de Bassano 67

CHAPITRE V

Comment l'Impératrice m'appela auprès d'elle. — Mon arrivée aux Tuileries. — Première sortie avec l'Impératrice. — L'intérieur des Tuileries. — Occupations habituelles de l'Impératrice. — Le Prince Impérial enfant. — Bagatelle. — M. Damas-Hinard, secrétaire des commandements. — M. de Saint-Albin, bibliothécaire. — La comtesse Pons de Wagner, lectrice de l'Impératrice. — Les appartements particuliers de l'Impératrice. — La Princesse Anna Murat. — La duchesse de Morny. — La duchesse de Malakoff. — La duchesse de Cadore. — La duchesse de Persigny. — La comtesse Walewska . . . 101

CHAPITRE VI

Le cabinet de travail de l'Impératrice. — Les Papiers des Tuileries. — Souvenirs intimes. — Portraits et tableaux.

— Le comte et la comtesse de Montijo. — La Reine de Hollande. — Le Prince d'Orange. — Travaux du Prince Impérial. — Cabinet de toilette de l'Impératrice. — Un ascenseur. — La naissance du Prince Impérial. — L'Oratoire de l'Impératrice. — La dernière messe aux Tuileries. — Ombres de souveraines. — La chambre à coucher de l'Impératrice. — La rose d'or du Pape. — Souvenirs d'un officier d'ordonnance. — Les atours de l'Impératrice. — Toilettes politiques. — Les souliers de l'Impératrice. — Orphelinat Eugène-Napoléon. — Sort des enfants après la commune. — Madame Pollet. — Les bijoux de l'Impératrice. — M. Thélin. — Évasion de l'Empereur du fort de Ham. 133

CHAPITRE VII

Le dîner aux Tuileries. — Le salon d'Apollon. — Le service. — Le nègre de l'Impératrice. — Le salon de Louis XIV. — Un pari de l'Impératrice. La causerie du soir. — Maladie du Prince Impérial, son humeur et ses goûts d'enfant. — Miss Schaw. — Louis Conneau. — M. Bâchon. — Madame l'Amirale Bruat. — La comtesse Ducos. — La nourrice du Prince Impérial. — M. Monnier. — Madame Corme. M. Filon. — La mission Régnier. 191

CHAPITRE VIII

Les réceptions aux Tuileries. — Les dîners. — Grands bals. — Les cent-gardes. — Les présentations. — La salle des Maréchaux. — Joyaux. — Bals costumés. — Quatre sphinx. — Le marquis de Gallifet. — La marquise de Gallifet. — La comtesse de Castiglione. — Le Prince Jérôme. — Le docteur Arnal. — Les concerts. — Les bals privés de l'Impératrice. — La Princesse de Beauffremont. — Le Prince Georges Bibesco. — La Princesse de Monaco. — La duchesse d'Hamilton. — Le duc d'Hamilton 221

CHAPITRE IX

Le Mexique. — Origines de la guerre. — Départ de la flotte. — L'amiral Jurien de La Gravière. — M. Tenaille de Saligny. — Esprit de l'expédition. — Traité de la Soledad. — Les négociations. — Le général Prim. — Le général Lorencez. — Padre Miranda. — Les puissances se retirent. — Conflit des pouvoirs. — Retour de l'amiral Jurien de La Gravière. — Son retour. — L'amiral est nommé aide de camp de l'Empereur. — Son rôle le 4 septembre. — Maximilien empereur du Mexique. — L'Archiduchesse Charlotte. — Leur voyage à Paris. — Bases de traité. — Retour à Miramar. — Départ pour le Mexique. — Arrivée à la Vera-Cruz. — Difficultés. — L'Impératrice Charlotte à Saint-Cloud. — Un verre d'orangeade. — Maladie de l'Impératrice Charlotte. — L'Empereur Maximilien au Mexique. — Son procès. — Sa mort. — Fin de l'Impératrice Charlotte 253

CHAPITRE X

Les œuvres de l'Impératrice. — Orphelinat Eugène-Napoléon. — Les crèches. — Les salles d'asile. — Les écoles. — Les hôpitaux. — Les indigents. — Société de Charité maternelle. — Orphelinat du Prince Impérial. — Société du Prince Impérial. — Société de secours aux blessés des armées de terre et de mer. — Société de sauvetage maritime. — Caisse de retraites pour les invalides du travail. — Fourneaux économiques. — Les prisons. — Visite à Charenton. — Visite à la petite Roquette. — Visite à Saint-Lazare. — Visite aux hôpitaux de Paris pendant le choléra de 1865. 283

www.ingramcontent.com/pod-product-compliance
Lightning Source LLC
Chambersburg PA
JSHW060454170426
76762-00011B/1197